デザインア

使い手のニーズとつくり手の
同時に実現する10のステッフ

OCHABI Institute著

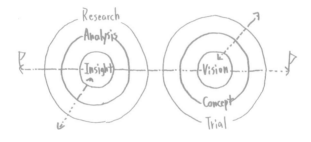

なぜビジネスパーソンに
デザインアート思考が必要なのか

「これまでとは違う、新しい事業を考えてください」、「ブランドイメージを向上させるプロモーションを考えてください」――。経営に携わっていないビジネスパーソンであっても、いまや日常的に自社の経営やプロジェクトに関わる課題発見や、その解決につながるアイデアが求められる場面が増えてきているのではないでしょうか。

この背景には、カスタマー（顧客）の価値観が多様化したことや、繰り返されるイノベーション（革新）により、商品やサービスがコモディティー（代替可能なもの）化する速度が、近年早まっている現状があります。ビジネスパーソンが立場に関係なく主体的に動かなければ対応できない時代になっているのです。

ただ、アイデアを考えようとしても、そう簡単に出てくるものではありません。だからこそ、アイデアを生み出す方法として、デザイン思考やアート思考が注目されるようになりました。

この2つの思考法の特徴として、**デザイン思考は「カスタマーへの共感」から、アート思考は「アーティストの価値観」から出発する**ことが挙げられます。

そして、この**デザイン思考とアート思考のハイブリッド型とも言えるのが、御茶の水美術専門学校で生まれた「デザインアート思考」**です。マーケット（市場）の「ニーズ（要求）」を意識しているという意味でデザイン思考にも近いですが、クリエイター（発

案者）の「ウォンツ（要望）」に重きを置いているという意味でアート思考にも近いと言えます。

思考の軸となる2つの円

　デザインアート思考では、**マーケティング・サークル（Marketing Circle）とプランニング・サークル（Planning Circle）**という2つの円を軸に、アイデアを生み出し、複数人で検証しながらビジネスプランにまとめていきます。**マーケティング・サークルではカスタマーのニーズを捉え、プランニング・サークルではクリエイターのウォンツを明確**にします。

　2つの円を往来することで、常に人々のニーズと自分のウォンツを天秤にかけることができます。自分の思いばかりが先行して、肝心のカスタマーを見つけられない、狙うべきマーケットを定められない、そう思ったらマーケティング・サークルに戻る。一方、ニーズを意識しすぎて新規性やメッセージ性を見失ったと思ったら、プランニング・サークルに戻ることができるのです。

　御茶の水美術専門学校は、生物学者であった服部廣太郎が創立した美術学校です。生物学者が自然界のバランスを重視し、生物多様性が保たれた環境を理想とするように、デザインアート思考でも**ニーズにもウォンツにも寄りすぎないバランス感覚を重視**しています。そして、最終的なアウトプットが自分たちだけでなく、社会や環境をよりよく変えていけるモノゴトであることを大切にしています。

クリエイティブをロジカルに

　デザインアート思考は、**クリエイティビティー（創造性）を刺激して、課題そのものや、その解決のアイデアをロジカル（論理的）**

に創造するための思考法です。10のステップをたどることで、誰でもアイデアを生み出し、絞り込み、発展させることができます。

　ひらめきや勘が働くのを待つのではなく、自分のプロジェクトについてロジカルに考えることでアイデアを生み出します。そして、思いついたアイデアを実際に描いて視覚化することで、いくつものアイデアをディスカッションのテーブルに載せることができるのです。

　クリエイティビティーは、アートの才能があり、センスも優れている人々しか持ち得ないと思われがちですが、御茶の水美術専門学校では1978年以来、実際に「クリエイティビティーをロジカルに育む」創造性教育をしています。デザインアート思考は、この教育方針をより効果的に実現していくために生み出された思考法なのです。

ロジカルなら賛同者を集めやすい

　実際にデザインアート思考は、高校生や専門学生、大学生だけではなく、社会人でも企業研修や夜間講座で学ぶことができますが、受講者からこんな話を聞くことがあります。

　「若い人の意見を聞きたいと言う割には、結局、年配者たちは耳を貸さず、世代的に受け入れられない企画は採用されない」

　「新しいアイデアを考えても、経営陣まで届かず、社風に合わないとして中間管理職のところでとどめられてしまう」

　「高度経済成長期やバブル時代の成功体験に縛られている人たちや、それを見本としている人たちはなかなか変わろうとしない」

　こうした世代間の断絶のほか、ジェンダーや国籍などの違いを超えてコンセンサス（合意形成）を取り、アクションを促すためにもデザインアート思考は役立ちます。なぜなら、ロジカルにア

イデアを生み出しているからこそ、根拠や裏づけが明快で**周囲に説明しやすく、賛同者を集めやすい**からです。

また、この思考法を組織内で共有できれば、「デザインアート思考」という共通言語のもと、専門性ごとに異なる難解な言動に振り回されずに建設的なディスカッションの場を創造できます。

このようにコミュニケーションを活性化させ、コンセンサスの取り方を円滑にするデザインアート思考は、コンセンサスを重視する傾向のある企業や団体に属する人々に適したフレームワークだとも言えるでしょう。

「ビジョン」が人を動かす

さらに、デザインアート思考によって生み出されるアイデアは、**クリエイターの「ビジョン」に基づいている**というのも大きな強みです。

プランニング・サークルでは、自分のウォンツをビジョンへと高めていきます。「自分がやりたいこと」は、そのままだとわがままや自己実現の範囲にとどまってしまう可能性もあります。それを**周囲に共感してもらえる形に高めたものがビジョン**です。

デザインアート思考のステップに従い、しっかりしたビジョンを掲げることができれば、賛同者を自然と集め、主体的に行動できるチームビルディングが可能になります。

また、自分自身のビジョンが特定できれば、日々の働き方さえも変わってきます。「仕事をやらされている状態」から「自分ごととして働いている状態」へと変わり、高いモチベーションを持って楽しく働くことができます。

「今の会社では自分のやりたいことができない」「自分のやりたいことを会社での仕事と結びつけられない」という悩みを持つ人

にも、ぜひデザインアート思考を活用して欲しいと願っています。

🔍 KEYWORDS

デザインアート思考

「ニーズ」と「ウォンツ」の双方を重視しながら、マーケティングにより本質的な課題を発見し、プランニング（企画立案）により創造的な解決策へたどり着くことを目指す論理的思考法。

アフリカの水問題を「ロジカル」に考える

ニーズ（Needs）

要求。顧客一人ひとりや特定のマーケットを形成するターゲット層が求める商品やサービスなどのモノやコト。

カスタマーのニーズに応えて井戸を掘る

ウォンツ（Wants）

要望。本書では顧客でもあるクリエイター自身が欲しいモノや、やりたいコト。

汚染されていない清潔な水を運んで配る

ビジョン（Vision）

自分自身のアイデアを通じて実現した世界。人々のニーズに応える理由。自分のウォンツが実現された時の社会的意義。

結露を利用した貯水塔を地産の材料で建てる

0から10まで担う

　ある商品やサービスが生まれる前の状態を0、それが世に出て定着した状態を10と捉えると、新しいアイデアを生み出す0から1のプロセス、商品やサービスを定着させる9から10のプロセスには、顧客が人間である限り、必ず人の頭と手が必要です。

　そして、この0から1、9から10こそがクリエイティビティーが発揮される箇所です。近年では、人間の仕事がいずれAIに取って代わられるのではないかという懸念が話題になっていますが、その可能性があるのは1から9までのプロセスです。商品やサービスを形にして生産する1から9までの過程では、ビッグデータやAI、自動化などの効果が発揮されますが、それによってどんな成果を出せるかは、スタートとゴールを受け持つ人間のクリエイティビティーにかかっています。

　そして、デザインアート思考では、0から10まですべてのプロセスを網羅しています。では、実際に考え、手を動かしながら、一緒に0から始めてみましょう。

本書内容に関するお問い合わせについて

このたびは翔泳社の書籍をお買い上げいただき、誠にありがとうございます。弊社では、読者の皆様からのお問い合わせに適切に対応させていただくため、以下のガイドラインへのご協力をお願い致しております。下記項目をお読みいただき、手順に従ってお問い合わせください。

●ご質問される前に

弊社Webサイトの「正誤表」をご参照ください。これまでに判明した正誤や追加情報を掲載しています。

正誤表　https://www.shoeisha.co.jp/book/errata/

●ご質問方法

弊社Webサイトの「刊行物Q&A」をご利用ください。

刊行物Q&A　https://www.shoeisha.co.jp/book/qa/

インターネットをご利用でない場合は、FAXまたは郵便にて、下記"翔泳社 愛読者サービスセンター"までお問い合わせください。電話でのご質問は、お受けしておりません。

●回答について

回答は、ご質問いただいた手段によってご返事申し上げます。ご質問の内容によっては、回答に数日ないしはそれ以上の期間を要する場合があります。

●ご質問に際してのご注意

本書の対象を越えるもの、記述個所を特定されないもの、また読者固有の環境に起因するご質問等にはお答えできませんので、予めご了承ください。

●郵便物送付先およびFAX番号

送付先住所　〒160-0006 東京都新宿区舟町5
FAX番号　　03-5362-3818
宛先　　　　（株）翔泳社 愛読者サービスセンター

Part 2
デザインアート思考で
課題を解決しよう

Part 3

対談
「ビジネスでこれから求められる
　人材とは」⋯⋯⋯⋯⋯⋯⋯⋯⋯⋯⋯⋯⋯⋯⋯⋯⋯⋯⋯⋯⋯⋯ 207

クリエイティブディレクター、OCHABI Institute 理事　　**佐藤 可士和**
御茶の水美術専門学校 校長、OCHABI Institute 理事　　**服部 元**

Part 1

デザインアート思考
とは?

まずは、デザインアート思考の概要をつかみましょう。
具体的なステップに入る前におさえておきたい、
基本的な考え方です。また、デザインアート思考で
大切にしている点について解説していきます。

1 デザインアート思考の
要となる2つの円

　デザインアート思考のプロセスは、2つの円から成り立っています。**マーケティング・サークル（Marketing Circle）** と**プランニング・サークル（Planning Circle）** です。

　まずは、この2つの円の違いを説明しましょう。

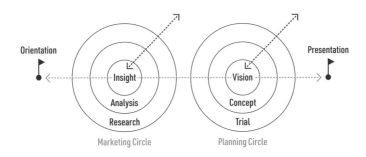

インサイトを導き出すマーケティング・サークルと、ビジョンを掲げるプランニング・サークル

ニーズを探るマーケティング・サークル

　まず、マーケティング・サークルは、カスタマー（顧客）の存在とそのニーズ（要求）を見つけるための思考サークルです。**ビジネスチャンス（事業機会）のありそうなマーケット（市場）をリサーチ（調査）し、マーケットを形成するカスタマーをアナリ**

シス（分析）して、カスタマーの求める価値へのインサイト（洞察）を導き出していきます。

マーケティング・サークルで大切なのは、円の中心に位置するインサイトです。インサイトは「潜在的なニーズ」への気づきとも言い換えられます。

さらに、自分がこれから関わるマーケットでの成功要因を見つけ出し、優先順に絞り込むためには、なるべく多くのニーズをリサーチし、インサイトも複数導き出す必要があります。しかし、リサーチ、アナリシス、インサイトのフロー（流れ）を試しに箇条書きにして、明らかに整合性がつかない場合は、リサーチに戻って

Marketing Circle

ビジネスチャンスを求めて新しいマーケットを探す

再検証を行います。つまり、必要に応じて円の中心に向かったり外縁に向かったりするのです。

こうしてリサーチ、アナリシス、インサイトの3つを往来することで、ニーズへの深い理解、成功要因の新しい組み合わせの特定、本質的な課題発見を行います。

マーケティング・サークル（Marketing Circle）

リサーチ、アナリシス、インサイトのフローを往来して、カスタマーのニーズを発見する思考サークル。

リサーチ（Research）＝調査

ビジネスチャンスのありそうなマーケットを調査する。

ビジネスチャンスをリサーチする

アナリシス（Analysis）＝分析

マーケットを形成するカスタマーの消費傾向などを分析する。

カスタマーやマーケットをアナリシスする

インサイト（Insight）＝洞察

カスタマーのニーズを満たす価値は何か洞察する。

より深くニーズをインサイトする

ウォンツをビジョンに高めるプランニング・サークル

一方で、プランニング・サークルは、クリエイター（発案者）のウォンツ（要望）をビジョンに高めるための思考サークルです。こちらには、**事業実現のビジョン（目的）、プロジェクトの関係者と共有するコンセプト（開発方針）、プロジェクトの具体的なトライアル（試行）** という3つの要素があります。

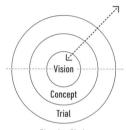

Planning Circle

事業の目的を明確にして関係者と方針を共有し、試行を通じて有効性を検証する

デザインアート思考では、ビジョンを事業実現の「目的」と意訳しますが、何より**クリエイター自身が心から「実現したいと思う世界」**を重視しています。

また、コンセプトの直訳は「概念」で、意訳となるとさまざまありますが、ここでは、**ビジョンを実現するために、ステークホルダーなどと共有するプロジェクト開発の「方針」**と意訳しています。

そしてトライアルではモノとコトのどちらであれ、すべてのクリエイティブアイデアの視覚化を試み、俯瞰して眺めることでビジョンとのズレを比較検証していきます。こうしてさまざまなアイデアや、アイデアの組み合わせを実際に「試行」することで、プロジェクトの実現可能性をも検証していきます。

組織コンサルタントのサイモン・シネックは、優れたリーダーがクライアントやカスタマーに何かを伝える時、Why（なぜそれをやるのか）から始め、次にHow（どうやってそれをやるのか）、最後にWhat（何をやるのか）という順番をたどるとしています。

サイモン・シネックのゴールデン
サークル

これを三重円で表したのが「ゴールデンサークル」です。デザインアート思考の場合、**Whyに該当するのがビジョン、Howがコンセプト、Whatがトライアルだと考えればイメージしやすい**でしょう。

　　プランニング・サークルで**最も大切なのは、円の中央に位置するビジョン**です。シネックも最重要視しているWhy、つまりはビジョンを見つけることによりプランニングの軸にしていきます。

　ただし、誰もがWhyから考えられるわけではありません。そうした場合は自分のウォンツに由来するWhat、つまりアイデアを描き出し、「なぜそのアイデアなのか」という問いかけを繰り返しましょう。これを「**ラダリング（梯子のぼり）**」と呼びます。こうして、人々に共感されるようなビジョンに高めながら、プロジェクトの骨子を組み立てていきます。円の外から内へのラダーインと、内から外へのラダーアウトを繰り返すのがプランニング・サークルです。

　ここで、プランニング・サークルの3つの要素をより具体的にイメージするため、オランダの起業家ボイヤン・スラットを例にとってみます。彼はスキューバダイビング中、海中に漂う大量のゴミに衝撃を受け、それを収集する画期的な方法を見つけ、NPO「オーシャン・クリーンアップ」を弱冠18歳にして立ち上げた人物です。

トライアルからビジョンにラダー
インしてもよい

　このスラットがたどった思考プロセスを、デザインアート思考に当てはめて想像してみましょう。

　まず、スラットにとってのビジョンは、「気持ちよくスキューバダイビングできる世界をつくりたい」ということだと想像できます。しかし、難しいのはデザインアート思考のコンセプトにあたる、その実現方針です。おそらく彼は「海洋ゴミを船引き網ですくい上げる」などさまざまな方針を検討したと思われますが、最終的には「海洋ゴミの移動を止める」という方針が最善だとの考えに至ったのでしょう。

　その後、彼はトライアルとして実際にさまざまな試行錯誤を繰り返し、U字型のチューブに網をぶら下げることで海洋ゴミの移動を止めつつ回収までも行う、というアイデアにたどり着きます。

　スラットは現在もビジョンをクライテリア（判断基準）に、改良を繰り返しながら活動を続けています。

ボイヤン・スラットのインサイト　ボイヤン・スラットのコンセプトとトライアル　ボイヤン・スラットのビジョン

　このように、ビジョンが魅力的であればあるほど、それを実現するプロジェクトの賛同者や協力者が増え、それぞれが形成しているマーケットも自ずと見えてきます。

プランニング・サークル（Planning Circle）

ビジョン、コンセプト、トライアルのフローを往来して、自分の
ウォンツを視覚化する思考サークル。

トライアル（Trial）＝試行

開発の方針に則って考案された商品
やサービスなどのモノゴト。

ビジョンを実現させるトライア
ルを考える

コンセプト（Concept）＝方針

理想の世界を実現するために、プロ
ジェクトの関係者間で共有する開発
の方針。

プロジェクトのコンセプトを共
有する

ビジョン（Vision）＝目的

クリエイター自身が実現したい理想
の世界。

プロジェクトのビジョンを掲げ
る

「新航路発見」というビジョンを、「未開の大西洋航路を開拓する」というコンセプトで実現できると考えたコロンブス。入念なリサーチとアナリシスのもと、イサベル1世にプレゼンテーションして、冒険の資金援助を獲得する

2 デザインアート思考は 「ビジョン」がすべて

　デザインアート思考で最も大切にしているのは、プランニング・サークルの中央に位置する「ビジョン」です。本節では、なぜビジョンを重視しているのかを解説します。

　「最先端のテクノロジーを上手に取り入れれば、商品やサービス、ひいては自社のブランド認知が飛躍的に向上する」、「今まで誰も思いつかなかった新規性のある商品やサービスを考え、その認知に成功すれば、競合に大きな差をつけられる」──。

　これらはイノベーション理論やブルーオーシャン戦略など、ビジネスパーソンには常識となったフレームワークに基づく発言です。ただ、もはやこうした企業本位の考え方では利益を最大化するのが難しい時代となっています。

　というのも、インターネットの普及やデジタルネイティブの登場によって、現代では個人のニーズのみならずウォンツも混合した、多様で小中規模のマーケットが数多く形成されています。そのため、**どんなに優れた商品やサービスであっても、人々の共感を得られなければ、大勢の注目を集めるのは難しい状況にあります。**

　こうした経緯から、昨今ではカスタマーのニーズにとどまらずウォンツをも検証するために、組織や部署を横断したプロジェクトベースのチームが編成されるようになりました。クリエイター

側も多様性を活かすことで、カスタマーの潜在的ニーズを多角的に検証するのです。そして、企業もまたプロジェクトチームのインサイトを参考に、よりカスタマーに響く「価値」は何かを考え商品やサービスを開発していくのです。

　しかし、多角的な視点でマーケティングデータを検証するだけでは、従来よりカスタマーの共感を得やすいだけの商品やサービスが開発されるにとどまってしまいます。ここを抜け出すには、**クリエイターの強いウォンツをプロジェクトに反映させて、カスタマーが積極的に賛同を示し、主体的に動きたくなるような価値**がなければなりません。

ニーズからウォンツ、ウォンツからビジョンへ

　ここで一旦、カスタマーの持つニーズとウォンツの違いを、腰痛を例に説明しましょう。

　まず、腰痛に悩むカスタマーが整形外科に通ったとすれば、それは治療を目的としており、ニーズという要求に基づく行動だと言えます。しかし、腰痛を治療したあと、カスタマーがスポーツジムに通ったとしたら、それは予防を目的にしており、ウォンツという要望に基づく行動だと言えます。

　これを心理学者のアブラハム・ハロルド・マズローの提唱する**「欲求五段階説」**に置き換えると、ニーズにあたる治療は第1段階の「生理的欲求」や第2段階の「安全の欲求」などの欠乏欲求を満たすことになります。一方、ウォンツにあたる予防は前述の2つの欲求に第5段階の「自己実現の欲求」を加え、成長欲求を満たすことになります。もともと健康な人がスポーツジムに通う場合は、第3段階の「所属と愛の欲求」や第4段階の「承認欲求」などの欠乏欲求をも満たすことになるでしょう。ここでわかるのは、

ニーズはやがてウォンツへと段階を上げ、ウォンツはカスタマーの自己実現へと昇華されていくということです。

　本書では、カスタマーが持つ「要求」をニーズとし、諸々の欲求のスタート地点と定義づけています。これを受けて、日常はカスタマーでもあるクリエイターが抱く「要望」をウォンツとし、諸々の欲求のゴール地点と定義づけています。そして、**このウォンツを欠乏欲求にとどまらず、成長欲求へと昇華させるクリエイターとカスタマーが共有できる「目的」を掲げることをビジョンと定義づけ**ています。

　しかし、欲求五段階説の最上位に位置する「自己実現の欲求」は、成長欲求と呼ばれるだけに、単にニーズやウォンツを叶えるだけではたどり着けません。環境や社会といったカスタマーだけでなくクリエイターをも取り巻く周囲の状況を、よりよく変える「ビジョン」を持つ商品やサービスを通じてたどり着くことができるのです。カスタマーは商品やサービスを通じてビジョンの実現に貢献し、クリエイターと共に自己実現の欲求につながる成長体験をするのです。

　つまり、ビジョンのしっかりしたプロジェクトであれば、結果的にすべての欲求に応え得るモノゴトを創造することができ、大勢の注目を集められると言えます。

　デザインアート思考では、**カスタマーの共感、賛同、支持を得るためにも、クリエイターの意思をビジョンとして具体的にイメージすることを大切に**しています。

クリエイターの声をカスタマーに届ける

　では、改めてデザインアート思考はデザイン思考と何が異なるのでしょうか。すでに触れた通り、デザイン思考がカスタマーの

「ニーズ」への「共感」をモチベーションにしているのに対し、デザインアート思考はカスタマーの「**ニーズ**」以上にクリエイターの「**ウォンツ**」をモチベーションにしています。

　人々の声に耳を傾け、互いに語り合って共感し、それぞれのコミュニティーで何が必要とされているのかを知ることも大切ですが、ここに固執してしまうと自然と視野が狭くなり、周辺の環境や社会への配慮がなくなってしまいます。

　実際、日本でも「ニーズ」という大義名分のもと、高度経済成長期に利益の最大化を狙った大量生産を行い、その結果としてさまざまな環境破壊を引き起こし、社会問題に発展して人々の健康もむしばみました。

　だからこそ、現代におけるプロジェクトの考案や推進には高度なバランス感覚が必須です。カスタマーのニーズ偏重に陥りやすいプロジェクトの客観性を保つためにもバランスの支点として必要となってくるのが、クリエイターの「欲求」、つまりウォンツなのです。

　ただ、前述の通り、ウォンツそのものは、自分の願望を満たしたり、自己実現したりすることにとどまってしまいかねません。それを社会がどうあって欲しいかという視点を含めた「ビジョン」へと高めていくプロセスが必要なのです。

　ビジョンは言わば「クリエイターの理想の世界観の視覚化」であり、「なぜプロジェクトの実現を望むのかという理由」です。ウォンツをビジョンに高めて発信することで、それに共感する人々が現れ、人々を動かすことができるのです。

ビジョンは誰でも掲げられる

　「自分にはそんなに立派なビジョンなどない」と思う人もいるか

もしれません。ですが、ビジョンは誰でも掲げることができます。何も、「社会を変革する」とか「環境破壊を止める」など、スケールを大きくする必要はありません。「人と人をつなげる」「生活の不自由をなくす」といった日常的な視点でのビジョンも考えられるでしょう。

ビジョンの中でも日常の小さな思いを実現させた人たちと言えば、ジャック・ドーシー、エヴァン・ウィリアムズ、ビズ・ストーンらツイッターの創業者たちの例を挙げてもよいでしょう。

ツイッターの若き創業者たち

2006年にローンチされたツイッターは、「母親に対して、自分が今日どうしているのかを簡単に伝えるツールが欲しい」というジャック・ドーシーの思いから生まれました。当時の携帯電話やSMSは、テクノロジーの限界から140字の制限があり、これが現在のツイッターのベースになっています。これは、日常的に近況報告の交換がしたいというビジョンのもとでは、今でもなお最適な文字数だと言ってよいでしょう。

こうしてツイッターは、ほかの創業者たちをはじめ、同じウォンツを持っていた人々から共感を得て、爆発的な広がりを見せ、世界的に大ヒットするサービスとなりました。

そもそもカスタマーのニーズは日常の不便さに由来することが多く、ウォンツも日常でのささやかな願いに由来することが多いのです。カスタマーが日常でニーズやウォンツを持っているように、カスタマーのニーズにより形成される市場からビジネスチャンスを

クリエイターは自分自身のビジョンを持っている

探り出すクリエイター自身も、知らず知らずにニーズを仕事につなげていきたいというウォンツを持っています。そして、自分のウォンツを自覚しなければ自分に合った仕事ができず、無理をすることになります。

デザインアート思考では、**企業のビジョン以前に、自分自身のビジョンを認識し、モチベーションにつなげることを大切にしています。**

時折、ビジョンとして「利益を最大化する」「多くの契約を勝ち取る」などを挙げる人がいます。ですが、それはビジョンを叶えた「結果」として現れるものであり、ビジョンそのものではありません。

「これはウォンツなのか、ビジョンなのか」と迷った時は、文字に起こしたり、絵で描いたり、人に話したりしましょう。できれば所属する企業や団体の外の人がいいでしょう。

もし、その話が自分や企業本位のアイデアにすぎないなら、相手の賛同は得られません。環境や社会をよりよくするアイデアであれば、相手の賛同ばかりか、主体的に行動してくれるパートナーを得られるでしょう。

これがウォンツとビジョンの違いであり、ビジョンを掲げることで自分自身のモチベーションの在り処を知ることができます。

クリエイティブ業界でのコンセプトの意味

デザインアート思考では、ビジョンを「目的」、コンセプトを「方針」、トライアルを「試行」と意訳していますが、これは、それぞれWhy、How、Whatにも置き換えられることはすでに触れた通りです。日本語にはカタカナという便利な文字があり、日本語で定義するのが困難な外国語がカタカナ語として表現されます。

そして、国境に関係なく世界各地で日々更新される、マーケティングやクリエイティブの用語は、日本語の定義づけを待つ暇もなくカタカナ語として使われていきます。

こうした経緯の中、デザインアート思考では、デザインアート思考ならではの「意訳」を大切にしています。本書では、カタカナ語の脇に括弧つきで意訳が書かれていますが、これは、カタカナ語をデザインアート思考に合った意訳で定義づけたものです。言葉の定義づけがはっきりしていないと、論理的に考える前に言葉の意味で混乱してしまうからです。

特にコンセプトという言葉は、デザインやアートなどのクリエイティブ業界では、人によって、辞書通りなら、「概念」、「全体を貫く基本的な考え方」と捉えていますが、自己流も含めると、「企業理念」、「経営方針」、「開発方針」、「最優先事項」、「とりあえず大事なモノゴト」などとキリがありません。

デザインアート思考では、この思考法を身につけた人材がどのような業種や職種の人々とコミュニケーションを取ることになっても、ビジョン、コンセプト、トライアルのフローを基準に、相手の言葉を解釈できるようになることを目指しています。そうすると、「あの人はコンセプト、コンセプトと連呼しているけれど、ビジョンがないんだな」とか「あの人の言うコンセプトはビジョンのことなんだな」などと気づけるようになります。そうすれば、話し相手のカタカナ語の意味に混乱せず、落ち着いて客観的な解釈ができるようになるでしょう。

デザインアート思考におけるコンセプトの意訳を基準に、話し手によって意味が変わる「コンセプト」を解釈する

3 2つの円の思考プロセスを
何度でもアジャイルする

本書では、先にリサーチ、アナリシス、インサイトのマーケティング・サークル、次にビジョン、コンセプト、トライアルのプランニング・サークルという順で紹介していますが、実際は**2つの円のどちらから考え始めても構いません**。自分に合った円から始めるのがいいでしょう。

アジャイルの基本は失敗を恐れないこと

例えば、プロジェクトを進めるのに「根拠」や「背景」を調べるところから出発したいデザイン思考的な考えの人はマーケティング・サークルから、「感覚」や「理想」を形にするところから進めたいアート思考的な考えの人はプランニング・サークルから始めて、そのあとでもう一方の円に移るとよいでしょう。自分の脳にストレスをかけず、普段の思考のクセに合う方からスタートすることができます。

そして、どちらの円から始めるにせよ、偏りを防ぎ、バランスを保つために、2つの円を繰り返し往来することが不可欠です。デザインアート思考では、**バランスを取るためにフットワークを軽く、素早く思考プロセスを往来することを「アジャイルする」と呼んでいます**。

アジャイルは、直訳すると「素早い」「機敏な」などを意味し、ソフトウェア開発でよく使われている言葉です。仕事の進め方として、あらかじめ仕様や工程を決めておき、その通りに順を追って開発を進めていくウォーターフォール型に対し、仕様を厳密に決めず、まずは動作可能な成果物を短期間で仕上げてローンチし、その都度、検証しながら改良を重ねていくのがアジャイル型です。

　アジャイル型は、少ないリソース（資源）で始められて、軌道修正も柔軟に行えるという利点があるほか、開発期間の長期化により競合に出し抜かれてしまうリスクを軽減することができます。こうした観点からアジャイル型は、ITによる情報革命に代表されるさまざまなイノベーションによって、マーケットでの競争ルールの変更が激しくなっている現代にこそ向いている開発プロセスだと言えるでしょう。

　デザインアート思考では、**スタートからゴールまで一直線に進むのではなく、急がば回れという意味でも、プロジェクトの開発途中で何度も確認や検証作業を挟み、気づき次第、素早く軌道修正することを奨励しています。そういう意味で、「アジャイル」という言葉を使っています。**

2つの種類のアジャイル

　さらに詳しく言えば、デザインアート思考におけるアジャイルには2種類あります。**2つの円の間を往来するアジャイルと、それぞれの円で中心に向かっていく求心活動と外縁に向かっていく遠心活動のアジャイル**です。

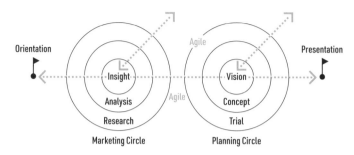

左右のアジャイルでバランスを取り、求心遠心のアジャイルで精度を上げる

　まず、2つの円の間を往来するのはどんな場面でしょうか。例えば自分が加わっているプロジェクトチームのアイデアが、プランニング・サークルのウォンツに偏重するあまり、クライアントに現実味がないとして受け入れてもらえない場面などが考えられます。また、マーケティング・サークルのニーズ偏重で考えた結果、クライアントのリアクションはよかったけれど、自分たちが思うほどプロジェクトの関係者にアイデアのコア・バリュー（本質的価値、p.122参照）が伝わらず、モチベーションを引き出せない場面などが挙げられます。このような場合は、図で左右の矢印で示されている通り、互いの円を往来しながら偏りを解消し、理想的なバランスを探っていきます。

　次に、マーケティング・サークルとプランニング・サークルのそれぞれ三重円を、中心へ外縁へと、求心および遠心活動して往来するのはどんな場面でしょうか。例えば求心活動なら、マーケットのリサーチで集めた膨大な情報

バランスは多くの価値に触れることで調節する

を、プロジェクトごとのアナリシスを通じて分類しながら、インサイトとしてカスタマーにとって最も優先度の高いニーズを導き出していきます。また、遠心活動なら、プロジェクトチームで掲げたビジョンをクライテリアに、プロジェクトの関係者と共有可能なビジョン実現のコンセプトを定め、これに則ってトライアルのアイデアをブレインストーミングするといった場面が挙げられます。

　大量の情報の中からプロジェクトにとって有益な情報を見極めること、一方で抽象的な言葉で表現されがちなプロジェクトのコア・バリューに具体的な形を与えるために多くのアイデア出しを行うことは、それぞれ「**集中**」と「**拡散**」とも言い換えられます。いずれにせよ、2つの円の図で斜めの矢印で示されている通り、三重円のフローを素早く往来することで、プロジェクトの骨子を一気通貫させ、思考プロセスの精度を高めることができます。

　また、デザインアート思考における理想的なバランスに、決まった答えはありません。自分が取り組むプロジェクトや、上司や取引先、最終的にはカスタマーによっても最善の状態が変化します。そのため、ビジョンをクライテリアに、なるべく多くの意見を参考にして最善のバランスを決めましょう。

　こうしたバランス感覚は、一概に一流と言われている作品を数多く鑑賞すれば身につくというものではありません。むしろ進んで多種多様な人々とコミュニケーションを取り、いろいろな考え方や価値観を知ることで、自分やチームの志向性を自覚して、クライアントやカスタマーの志向性と比較することで身についていきます。

やり直しへの抵抗感がなくなる

アジャイルしていると時間を無駄にしてしまうのではないか、と思われるかもしれません。ですが、何度も繰り返すうちにそのスピードも速くなり、また大事な要素がどのプロセスで抜け落ちていたのかなども早い段階で見つけられるようになっていきます。

アジャイルによって、問題が大きくなる前に摘むことができる

アジャイルを重ねることでフットワークが軽くなれば、やり直すことへの抵抗感がなくなり、自他ともに必要なプロセスだと認識されるようになります。そして、上司やクライアントから進捗にNGが出ても、焦ることなく軌道修正ができるようになります。

ただ注意しておきたいのは、アジャイルを繰り返すうちにアイデアの斬新さに気を取られプロジェクトの大義を見失ってしまわないようにすることです。だからこそ、ビジョンを明確にしてクライテリアを持つことが大切なのです。

ビジョンというクライテリアがあればプロジェクトはブレない

迷った時は、
SDGsがクライテリアとなる

　「このビジョンで本当にプロジェクトの関係者だけでなくカスタマーの支持を得られるのだろうか」、「このトライアルで本当にビジョン実現に近づくことができるのだろうか」——デザインアート思考のフローをアジャイルする際に、ふと疑問がよぎる時があります。

　そうした時、デザインアート思考では、「**持続可能な開発目標(SDGs)**」をクライテリアとして進めることにしています。これは、2015年に開催された国際連合のサミットにおいて、加盟国193カ国によって全会一致で採択された17の目標と169のターゲットからなるものです。

　SDGsは、地球と人間、つまり環境と社会を持続可能な状態で発展させるための開発目標で、2000年に採択された発展途上国向けの「ミレニアム開発目標(MDGs)」の後継とされます。2015年からは先進国も含め「誰も置き去りにしない」を合言葉に、目標達成を呼びかけています。

　SDGsの背景にある環境や社会、経済の問題は、どれも複雑な因果関係で絡み合っており、単体での目標達成は不可能に近く、また国家や企業が単独で解決に取り組むのも困難な状況にあります。そこで、国家や企業を超えて多様な価値観を持つ者同士が集まり、問題を多角的に検証して、協力しながら解決するパートナー

シップが求められるようになり、個人レベルにおいても多様性が注目されるようになったのです。

　私たちは、つい最近まで「カスタマーのニーズに応える」ことで「企業の利益を最大化する」ことにあまり疑問を抱かずにいました。ですが、この大義名分の裏で、経済的不平等が生まれ、人権が無視され、環境破壊が進み、私たちが知らぬ間に生物多様性の喪失や気候変動の危機が起きるまでに至りました。こうした危機的状況は、既得権益を保持したい行政や、利益追求を最優先する企業によって、人々の無関心を利用する形で現在も保持されています。

SDGsがプロジェクトで掲げるビジョンの指針になる

https://www.un.org/sustainabledevelopment/
The content of this publication has not been approved by the United Nations and does not reflect the views of the United Nations or its officials or Member States.

問題意識の高い人だけのものではない

　SDGsと聞くと、社会問題や環境問題に関心のある意識の高い人や、コンプライアンスやCSRを強化する余力のある大企業が取

り組んでいるイメージが強いかもしれません。ですが、SDGsは
もはや業界を問わずあらゆる企業や、職種を問わずあらゆるビジ
ネスパーソンが無視できない潮流となっているのです。

　これは、2006年に国際連合事務総長のコフィー・アナンが「人
の顔をしたグローバリゼーション」が必要だ、と世界市場に対し
て呼びかけたのに応える形で始まった「責任投資原則（PRI）」と
因果関係があります。このPRIを契機として企業本位の利益追求
に歯止めをかけるESG投資が始まり、これをビジネスチャンスと
捉えた企業が投資獲得を目指して変革への取り組みを始めたのが
現実なのです。

　こうした「ソーシャル・グッド」や「チェンジ・フォー・ベ
ター」と呼ばれる潮流の中では、カスタマーが商品やサービスを
利用する際の体験をデザインする「エクスペリエンスデザイン」
や、企業の社会における存在意義を明確化する「パーパスブラン
ディング」なども注目されており、実際に**SDGsをソーシャルオ
リエンテッドの指針と捉える見方もあり**、マーケティング的にも、
SDGsは無視できない目標となっているのです。

　例えば、スターバックスコーヒーでは、店舗の壁面に描かれた
イラストや飾られている写真などで、フェアトレードへの取り組
みについて紹介しています。それを見ると、エシカルに取引され
たコーヒー豆を買い付けたり、生産地の人々を経済的に支援した
りしていることがわかります。それ以外にも、LGBTQや障害者
の採用も積極的に行い、ダイバーシティのある職場環境をつくっ
ています。スターバックスのコーヒー1杯の価格は決して安いと
は言えませんが、根強いファンが多いのはただオシャレだからで
はなく、SDGsの目標に取り組んでいることがブランディングに
結びついているからという側面もあります。

まず根底にあるのが環境問題

ただ、17もある目標のうち何を優先すべきか、何から取り組むべきか、迷いが生じるかもしれません。そういった場合に役立つのが、ストックホルム・レジリエンス・センター所長のヨハン・ロックストロームが考案した「**SDGsウェディングケーキモデル**」です。

このモデルでは最下層に、「水と衛生確保」や「気候変動（気候危機）」など環境にまつわる課題が位置しています。その上に社会の課題、経済の課題と重なっており、環境と社会が整わなければ健全な経済活動は成り立たないことを表しています。

環境問題が解決していないと社会は成り立たない。社会問題が解決していないと経済活動はできない。だからこそ、迷ったら、まず最下層に位置づけられている問題から取り組んでいくといいでしょう。

日本は世界の上位10カ国に入っていない

国際連合の提唱で発足した「持続可能な開発ソリューション・ネットワーク（SDSN）」によると、日本のSDGs達成度ランキング（2020年6月発表）は166カ国中17位と健闘しているように見えます。しかし、先進国中ではアメリカと並びまだまだ周回遅れの下位に位置し、2020年の10月にようやく温室効果ガスの排出量を2050年までに実質ゼロにすると発表した程度にすぎません。日本はSDGs達成度トップを占めるヨーロッパ諸国を追い越すべく、より急速な変化が求められるでしょう。つまり、ビジネスパーソンが注目すべき新しいビジネスチャンスは、SDGsへの取り組みの中にもふんだんにあると言えるのです。

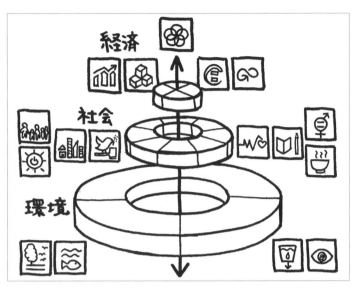

SDGs ウェディングケーキモデルでは、地球環境が破壊されれば、社会問題の解決や経済の活性化はあり得ない現状を示している

　SDGsを達成するためには、もはや国家や企業ではなく、個人単位で何ができるかが問われています。デザインアート思考がクリエイターのビジョンを重要視するのも、何よりもまず自分自身の主張がはっきりしていないと、変革を起こすために必要な「継続する意思」が生まれないからなのです。

　デザインアート思考では、クリエイターが望むビジョン実現のもと、どんなコトをコンセプトとして設定し、どんなモノゴトをトライアルとして創造するのかを常にアジャイルしながら考えていきます。これは現代における事業創造において最適な思考法であり、SDGsはプロジェクトのバランスを取る支柱と言っていいでしょう。SDGsへの貢献が、クリエイターやプロジェクトチームのみならず、カスタマーの支持を得るカギになるのです。

5 絵でアウトプットすることで、周囲に伝わり、相手を動かす

　デザインアート思考を円滑に進めるための基本的なマナーの1つに、自分の考えを**絵でアウトプットしてコミュニケーションを活性化させる**、という基本動作があります。これから解説する各ステップの中でも、言葉のみで表現されたアイデアを付箋やホワイトボードによって絵図で表現し直す場面が増えますが、これは**アイデアをビジュアル化することで、チームメンバーやプロジェクトの関係者と具体的なイメージを共有し**、情報の偏りを解消する狙いがあります。

　またビジネスパーソンなら、大事な会議の席で、概念的で抽象度の高い言葉が飛び交う様を経験したことがあるのではないでしょうか。デザインアート思考のプランニング・サークルの中心に位置するビジョンも、大事なモノゴトであるだけに概念的な表現がされがちです。しかし、最終的にはカスタマーが手に取れる商品か、体験できるサービスを創造することになります。大事な会議での決定事項が、視覚的なコンセンサス（合意形成）を取らなかったばかりに、当初のイメージとは乖離したモノゴトとなってしまうのは避けたいものです。

　その点、1枚のビジュアルは複数の言葉の組み合わせよりも圧倒的に情報量が多く、ホワイトボードに描かれた絵でさえ会議でコンセンサスを取るのに役立ちます。写真のコラージュや手描き

の絵図などを通して、クリエイターがその場でイメージを共有できるようになれば、プロジェクトの段階からカスタマーに提示するブランドイメージを検証することさえ可能になります。絵は人の理解を円滑にし、議論を建設的なものに変え、認識の齟齬をなくすことで、創造的行為を促すことができます。

言葉や文字だけでは、イメージでの解釈が参加者任せになってしまう

情報を絵図で描けば、イメージの齟齬がなくなり議論が活性化する

　また、絵で表現できれば詳細の説明を加える時間や、何度も言葉を換えて言い直すといったコミュニケーションコストを削減することができます。例えば、「30代女性」というざっくりしたセグメントがターゲットだと言われると、Aさんは「おっとりして髪にウェーブのかかった32歳の女性」を思い浮かべるかもしれないし、Bさんは「子供を抱っこ紐に入れて夕ご飯の買い物をする34歳の女性」、Cさんは「営業職で、ハイヒールを履いてあちこちへ駆け回るショートカットの37歳の女性」をイメージしているかもしれません。

おっとりして髪にウェーブの　　子供を抱っこ紐に入れて夕　　営業職で、ハイヒールを履い
かかった32歳の女性　　　　　ご飯の買い物をする34歳の　　てあちこちへ駆け回るショー
　　　　　　　　　　　　　　　女性　　　　　　　　　　　　トカットの37歳の女性

　このように絵で表現すれば、それぞれの頭の中にあった人物像をより具体的に共有することができます。チーム内で円滑にコンセンサスを得るためにも、アイデアを提案する相手に具体的なゴールイメージを伝えるためにも、情報の視覚化という意味でのビジュアル（視覚情報）を効果的に使いましょう。

人の心を動かす手描きの絵の力

　さらに、手描きの絵には、自然と描き手の心情やモチーフ（被写体）の背景にあるストーリーが、描き手独自の視点で織り込まれていきます。これは、特に競合と類似したプロジェクトを立ち上げてしまった際に、クライアントへのプレゼンテーションの差別化を図り、自分たちの思いを伝えるのに役立つでしょう。モノ消費だけでなくコト消費が重視される今、コモディティー（代替可能なもの）化しやすい商品にストーリーを与えて、マインド・シェアで競合に差をつけたり、サービスにおけるカスタマーの体験をカスタマー・ジャーニー・マップを用いてデザインしたりと、何かとクリエイター側にも「ストーリー性」が求められるようになっています。

ストーリーを織りなし、語り継ぐのは人間ならではの行為です。デジタル化が進んでいるからこそ、カスタマーのみならずクライアントの心を動かすのに、コピー・アンド・ペーストではなく、その場で描くというアナログ表現を用いてみるのもよいのではないでしょうか。

　ここでアフリカ系アメリカ人の公民権運動活動家として有名なマーティン・ルーサー・キング・ジュニアやマルコムＸの例を挙げてみましょう。彼らの姿は現在でもアフリカ系アメリカ人の居住者が多い地域で、地域公認のグラフィティとして外壁に描かれています。そして彼らの姿のグラフィティが描かれた地域では、そうでない地域と比べ犯罪率が低下すると言われています。

　グラフィティでも落書きでも、ホワイトボードや付箋にササッと描かれた絵でも、そこにビジョンが表現されていれば人の心を動かすのです。

絵は下手でも伝わればいい

　ここまで手描きの絵を推されると、その技巧が気になってくるとは思いますが、デザインアート思考において絵の上手下手は問題ではありません。私たちが学んできた「日本の美術教育」では、評価されるのは往々にして描き込みに優れ、人とは異なる何かを描く人物だとされます。そうでない人物は、評価の高い人物との比較から必要以上に絵に対する苦手意識を持たされてしまいます。**しかし、もともと絵の起源はコミュニケーション・ツールであり、言いたいことが相手に伝わりさえすれば技巧は関係ない**のです。

　そして、ビジネスシーンにおいても、マーケティングやプランニングの段階で完成度の高い絵が求められることは非常に稀であり、実際にはコミュニケーションの活性化のために絵が使われる

場合がほとんどです。

御茶の水美術専門学校には、「ロジカルデッサン™」という授業がありますが、この「ロジカル」の意味するところは、感性に頼った、自分だけの描き方を見つけるのではなく、観察眼を持って、他人とも共有できる絵の描き方を論理的に学ぶことを指しています。

モチーフを繰り返し観察し、構造や本質を理解することで、相手にも伝わり、それでいて相手にも再現可能な絵が描けるようになるのです。こうして、デザインアート思考では、プロジェクトチームの意思疎通を円滑にし、コミュニケーションを活性化させて進めていきます。（ロジカルデッサンについては、OCHABI Institute著『線一本からはじめる 伝わる絵の描き方 ロジカルデッサンの技法』［インプレス刊］に詳しく記載されています）

下手でも本人が描いた方が、そのビジョンに近いものが表現されます。上手な絵であることは求められていません。

『線一本からはじめる 伝わる絵の描き方　ロジカルデッサンの技法』

『鉛筆一本ではじめる 光と陰の描き方　ロジカルデッサンの技法』

『鉛筆一本ではじめる 人物の描き方　ロジカルデッサンの技法』

有り合わせのものでブリコラージュ

　ちなみに、デザイン思考では、アイデアに基づきプロトタイプを制作し、その機能性などを検証するという過程を積み重ねることを推奨しています。ただ、いくら「プロトタイプは簡易的なものでいい」と言われても、几帳面な日本人はつい作り込んでしまいがちです。

　そこで、デザインアート思考ではプロトタイプという言葉を使わず、有り合わせのもので「**ブリコラージュ（Bricolage)**」することを勧めています。

　ブリコラージュという言葉は、その場にある有り合わせのモノを使って、その時々に必要な別のモノを作る行為で、日本では昔から「器用仕事」と呼ばれてきました。確かに、その場で手に入るものを集めて手間暇かけずに新しいモノを作るのは、日本人の得意とするところです。

　素材は、手近にあるガラクタや素材で十分です。デザインアート思考では、絵図を描くのもモノを作るのも、マーケティングもプランニングもフットワークを軽くして取り組むのが基本です。

　作り込みすぎて愛着が生まれる前に、チームで共有して意見交換をしてみましょう。そうすることで、プロジェクトがどこまで前進したかチーム全体で認識し、足並みをそろえて完成に向かうことが可能になります。

ブリコラージュは子供と一緒に
遊ぶような気持ちで取り組む

材料にこだわらず、子供がぐず
る前に仕上げるのを目指す

1人ではなく、子供と意見交換
をしながら協力して作る

プロジェクトの実現に限らず、
未来につながるような思わぬ
発見をもたらすこともある

Part 2

デザインアート思考で
課題を解決しよう

デザインアート思考の基本的な考え方をおさえたところで、いよいよ実践です。実際のプロジェクトで、どのように考え、どのように手を動かしていけばいいのかを解説します。アイデアに行き詰まった時や、プロジェクトのコア・バリューをビジュアル化できない時は、何度でも前のステップに戻ってやり直しましょう。

Step 1

クライアントから案件の
概要を聞き取る

［Orientation］

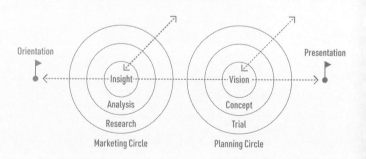

クライアントの「出題」と、
本質的な「課題」を切り分ける［Orientation］

私たちがこれから取り組むのは、自社の上司から指示された業務や、経営陣から言い渡された新商品や新サービスの開発などかもしれません。あるいは、取引先からの相談ごとや、コンペティションで勝ち取ったクライアント（依頼主）のためのプロジェクトかもしれません。ただ、いずれの仕事も依頼と受注の関係があることから、本書では便宜上、依頼してきた相手のことをまとめて「**クライアント**」と呼びます。

いずれの場合も、まずは依頼内容をよく確認して、プロジェクトの要点を明確にしておく必要があります。クライアントとの建設的な意見交換でコミュニケーションを活性化させて、お互いに話しかけやすい環境をつくり、後々すれ違うことがないように、要点を洗い出しておきましょう。

デザインアート思考では、クライアントからオリエンテーションや文書などで言い渡される依頼内容のことを「**出題**」と呼んで

います。この出題に対して、特に思い当たるモノゴトがないのならば、まずは出題の背景などをマーケティング・サークルのリサーチ（調査）、アナリシス（分析）、インサイト（洞察）のフローで求心的に取り組むことからスタートします。

なぜ「出題」なのかというと、**多くの場合、依頼内容はクライアントが解決して欲しい問題であり、クライアント自身が解決できていない問題だからです。つまりは、クライアント自身が問題の本質をつかめていなかったり、言語化された時点で問題のニュアンスが変化していたりする可能性も多々ある**のです。

そこで、デザインアート思考では、依頼内容を「出題」と捉えることで、出題内容の言葉尻に左右されずに、依頼を受注した私たち自身で、本当の問題は何なのか、本質的な課題は何なのかをゼロから考え、見つけやすくしています。

さらに言い換えれば、**クライアントからの出題は、まだ「相談」の段階にすぎない**とも言えます。デザインアート思考では、**クライアントの「出題」とは別に、本当に解決すべき本質的な「課題」がある**と考えます。

依頼はクライアントからの相談
ごと

課題発見とその設定はチーム
で行う

この「出題」と「課題」の関係を表す例を考えてみましょう。

例えば、自分がファッションデザイナーで、結婚式を控えた女性から「ウェディングドレスを作って欲しい」という依頼を受けたとします。この場合、クライアントからの出題は「結婚式で着るウェディングドレスをオリジナルで仕立てたい」となります。

　この段階では、クライアントはファッションデザイナーにウェディングドレスに関する相談をしているだけなので、受注者としては、クライアントとよく話し合って、そのビジョン（目的）を聞き取らなければなりません。

　結婚をして、どんな夫婦になりたいのか、どんな家庭を築きたいのかを明確にして、初めてクライアントがオリジナルのウェディングドレスを注文するに至った「課題」や、どんなドレスを仕立てるべきかというコンセプト（方針）が見えてきます。こうして課題が見えてくれば、トライアル（試行）として、デコラティブにするかシンプルにするか、あるいはウェディングドレスはレンタルで済ませて、お色直しのドレスを仕立てるか、といった当初の出題とは異なる課題とその解決の方針が顕在化していきます。

　このように、**出題とはまるで違う課題を見つける場合もある**のです。

クライアントが思い描く家族との関係を重視した挙式

クライアントが思い描くお披露目を重視した挙式

Step 1-2

クライアントに聞くこと、
聞かないこと[Orientation]

　クライアントが抱える本質的な課題は、今後のステップで見つけていくとして、ここでは、その検討材料を集めるための問いかけを行います。依頼主のこれまでの取り組み、問題意識、悩み、困りごとなどを聞き出していくのですが、ここで重要なのは、**可能性を広げる質問をすること**です。

　例えば、**出題が生じた原点**について、マーケティング・サークルに則って、クライアントがマーケット（市場）やカスタマー（顧客）より得た気づきから、その根拠となる分析結果や参考にした調査資料まで、マーケティング・サークルのフローを遠心的にたどりながら聞き取りをするのもよいでしょう。

　また、**クライアントが使うカタカナ語や業界用語の定義**を改めて尋ね、本人の言葉で語ってもらうのもいいでしょう。いざ言葉にしてみると、実はイメージが共有できていなかったことが判明したりします。いずれの場合も、質疑応答の過程において文章だ

けでなく絵を描き続け、常に認識合わせをするようにしましょう。

　一方で、避けた方がいい質問もあります。

　まず、「どうすべきか」など答えを誘導するような質問はしないこと。そもそも答えがわからないから依頼しているので、答えを直接聞くような質問は避けましょう。

　さらに、自分たちの方向性を限定する質問にも気をつけましょう。例えば、商品のサイズや色などクライアントから提示されている**条件をさらに詳細に限定する質問や、「このアイデアを試してもよいか、ダメか」といった質問**です。必要条件はクライアントからすでに示されているはずなので、それ以上に制限を厳しくする質問は、結局はクライアントに答えを尋ねるのと同じことになるばかりか、最終的なゴールの選択肢を狭めてしまうので注意しましょう。

　まとめると、**クライアントには質問するのではなく、意見交換するつもりで接するのがよい**ということになります。

デザインアート思考を活用した意見交換の例

　クライアントとの意見交換でもデザインアート思考を応用することができます。意見交換では、マーケティング・サークルのフローを求心、あるいは遠心活動的にラダリング（梯子のぼり）して進めていくと円滑に進むでしょう。以下の質問例を参考にしてください。

インサイトから遠心活動をする場合

①インサイト「今回、依頼するにあ
たり、案件について気づいたこと
や、漠然と気になっていることは
ありますか?」

②アナリシス「なぜ、その気づきに
至ったのか、なぜ、漠然と気にな

Marketing Circle

るのか、思い当たるモノゴトを教えてもらえませんか?」

③リサーチ「その気づきや、漠然と気になっていることについて、
アプローチできていると思う商品やサービスは思い当たりますか?」

リサーチから求心活動をする場合

①リサーチ「いただいた案件について、私たちの調査結果をお話し
するので、ほかに調べた方がよいことがあれば教えてください」

②アナリシス「みなさんのご意見を参考に、私たちはいくつかの仮
説を立てたのですが、ほかにどんな仮説があり得ると思いますか?」

③インサイト「今回、私たちに依頼するにあたって、みなさんが最
も大切にしている思いや、依頼に至った背景を教えてください」

マーケティング・サークルを遠　マーケティング・サークルを求
心活動的に移動する　　　　　心活動的に移動する

Step 2

メンバーの個性が活きる
チームビルディングを行う

[Orientation]

Orientation   Presentation

Insight   Vision

Analysis   Concept

Research   Trial

Marketing Circle   Planning Circle

メンバーが本来持っている
個性を引き出す［Orientation］

出題の内容を読み込み、クライアントとの意見交換を通じて趣旨への理解が深くなったところで、チームビルディング（チームづくり）に取り組みます。

プロジェクトチームが編成されるタイミングは、プロジェクトの核となるクリエイター（発案者）の存在の有無や、所属する企業やコミュニティーの仕事の進め方で変わってくるでしょう。チームが組まれてからプロジェクトに取り組むこともあれば、プロジェクトが決まってからチーム組みを行う場合もあると思います。

いずれの場合もチームビルディングでは、**可能な限りメンバーの個性を引き出し、多様性を顕在化させると共にこれを維持する**ことを目指します。

多様性とは、ただ単にジェンダーや年代、国籍が異なる人物でチームを編成するだけで発揮されるものではありません。**メンバーそれぞれの個性に敬意を払って、互いの「視点」や「視野」、「視**

座」の違いを知り、引き出すことで初めて活きてきます。

「**視点**」**とは、人それぞれ独自に注目しているポイント**を指します。人の数、観察される対象物の数を組み合わせれば、それこそ星の数ほどさまざまな視点があり得ます。こうした互いの視点を知ることが、多様性を活かしたチームビルディングの一歩と言えます。

「**視野**」**とは、そのポイントをどういう範囲で見ているか**です。広いか狭いかは問題ではありません。視野の狭さはネガティブな意味でよく語られますが、視野を集中させてモノゴトを見ることができる人は、些細な変化も見逃さないものです。要は視野の広い人と組み合わせればよくて、お互いに否定し合わない環境をつくれたら多様性として活きてきます。

「**視座**」**とは、それぞれの立場の違い**です。身近な例で言えば、カスタマーとクリエイターの視座は異なります。これは「買い手と売り手」とも言い換えられます。また、アパレル系の店舗ひとつをとっても、販売員と店長の視座は異なるでしょう。さらに企業の中なら、営業職と事務職の視座、中間管理職と経営陣の視座は異なります。

同じ仕事をしていても職種や役職が変われば、見える景色も変わってきます。こうした違いをどう有効活用するかも、また多様性の活きるチームビルディングを行うコツと言えるでしょう。

メンバーと同じモノゴトを見ていても、見ているポイントが違うのが「視点」

モノゴトを見る範囲の広さが「視野」であり、必要に応じて焦点を絞ったり広げたりする

どういった立場でモノゴトを見るかが「視座」であり、現場とオフィス、売り手と買い手でも変わる

　プロジェクトチームが、似たような趣味や志向性を持った人々で構成されると、ミーティングは円滑に進みますが、多様な意見が生まれず、新しい発想がなかなか浮かばない、という問題が起こりやすくなります。特に中小企業の場合、リソースの問題から、どうしても社内のいつものメンバーで固定されがちです。

　それでも、いくつもの部署があるような企業ならば、今までとは異なる職種の人物を交ぜてみたり、部署があまり分かれていないような企業であれば、改めてメンバーそれぞれの趣味や志向性を尋ね、今まで知らなかった個性を明確にすることで、多様性を確保して取り組むこともできるでしょう。

　ただ、無理にプライベートについて語らせたり、執拗に過去を掘り起こしたりすると、不快感を与え、多様性どころの話ではなくなるので、程度に気をつけましょう。

　こういう時、御茶の水美術専門学校では、次のようなアイスブレイクを行っています。

自己紹介のアイスブレイク

　アイスブレイクは、直訳すると「氷を砕く」となりますが、初

対面同士のメンバーや、顔見知りでも初めて同じチームに編成されたメンバー同士が、コミュニケーションの活性化を目的に、緊張をほぐしてお互いに打ち解け合うための行為です。

御茶の水美術専門学校の場合は、参加者の業種や職種、社会的地位を取り払ってフラットな状態にすること、参加者は共に未来を築くパートナーであることを意識し、それぞれの過去を根掘り葉掘り聞かないことを指針に、SDGsを利用してアイスブレイクをします。

1. メンバーに呼んで欲しい通称を提示する

まずは、これから一緒にプロジェクトに取り組むメンバーに呼んで欲しい「通称」を考えます。**このアイスブレイクでは、メンバーのジェンダーや年齢、社会的地位には一切触れません。**付箋やメモ帳に自分が呼ばれたい通称を書き、メンバーに見える位置に置きましょう。本名やニックネームである必要はなく、あくまで自分がどう呼ばれたいかを表現します。すでに不本意なニックネームをつけられている人は、これを機会に正すのもよいでしょう。通称には、**本人が「こうありたい」というパーソナルな情報が表現されています。**通称で呼ばれることでより自然に振る舞えるという人もいるでしょうし、通称で呼び合うことで、互いに愛着が生まれていくでしょう。

2. 興味のあるSDGsの目標を選ぶ

SDGsの17の目標から、自分が興味を持っているものを選び、これを自分にとっての優先順に並べます。プロジェクトチームは、何らかの問題を解決するために編成されるわけですから、**メンバーそれぞれが日常から感じている問題意識を知るのは、本人の情熱**

の在り処や、隠れた願いがわかるので、今後のためにも意義のあることだと言えるでしょう。問題意識のあるモノゴトは長い期間をかけて日頃から注視しているものなので、プロジェクトに行き詰まった時に、こうしたメンバーの知見が、解決の大きなヒントにつながることもあります。さらにプロジェクトのビジョンが、メンバーの問題意識の解決に貢献するものであれば、チームのモチベーションも上がるでしょう。

3. 通称とSDGsアイコンを使って時計回りに自己紹介をする

こうしてメンバーそれぞれの「通称」と「興味のあるSDGsアイコン」がそろったら、ジャンケンで勝った人から時計回りに自己紹介をしましょう。志願制でもよいのですが、若者からやらされたり、社会的地位が高い人から率先してやらなければならなかったりと、いきなり「いつものモード」に戻されてしまいます。デザインアート思考で何より優先されるのは、意見が出しやすい環境をつくることです。ここはジャンケンで割り切って、ゲームのつもりで楽しみましょう。

多様性を活かすチーム編成を行うと、自分とは異なる価値観のメンバーと協働することになる

メンバー全員の価値観が合わなくても、共有できる問題意識があれば、モチベーションを持てる

Step 2-2

多様性が尊重される
環境づくりを行う[Orientation]

　プロジェクトチームを構成するメンバーの個性を尊重し、多様な意見を引き出すために、デザインアート思考では、常に心がけているブレインストーミングのマナーがあります。

ブレインストーミングの基本マナー

①自分の考えを自分で否定せず、絵に描いて視覚化する

②メンバーの意見に興味を示し、批判して話を止めない

③メンバーの意見を自分のものにし、意見を発展させる

アイスブレイクの流れを汲んで話しやすい環境を創造し、維持していく

まず、①に関してですが、多くの人が自分の意見を「これはダメだろう」と自己判断してしまうものの、それはほかのメンバーから見れば、いずれ成功につながるシーズ（種子）かもしれません。どんなに気が進まなくても、自分の意見を述べること自体が、ほかのメンバーが発言しやすい環境をつくることになります。どんどん絵に描いてメンバーに提示していきましょう。

　次に、②に関しては、すべての意見がビジネスチャンス（事業機会）の獲得に役立つという心構えで、話を聞く姿勢を取りましょう。ここでは、肩書を強調したり、上下関係を持ち出すのは禁物です。特に同調圧力はせっかく築いた多様性の喪失を招きます。初めは遠慮がちに話すメンバーでも、建設的な意見交換が繰り返されれば、いずれ自信を持って話せるようになります。そして、メンバーの自信は自分の自信にもつながり、クライアントも当然、自信を持って楽しそうにプレゼンテーションするチームに魅力を感じ、話を聞く姿勢を取るものです。

　③については、特にミーティングやブレインストーミングの後半で効いてきます。御茶の水美術専門学校の授業では、100本ノックと呼ばれるアイデア出しをする回がありますが、後半に進めば進むほど、自分からは何も出てこなくなります。そんな時こそ、ほかのメンバーの話をよく聞いて、アイデアを絵で表現していれば、多様な意見をどう組み合わせればよいかが浮かんでくるものです。そして、**その化学反応後のアイデアこそが、イノベーションにつながるクリエイティブに変化していく**のです。

　デザインアート思考がほかの思考法と違うのは、考えや意見、気づきやアイデアを絵で描くというビジュアル・コミュニケーションにあります。繰り返しになりますが、ここで求められているのは情報の視覚化であり、絵画を描くことではないので上手下手は

関係ありません。実際に、付箋を使って、メンバー同士で考えていることを絵で表現してみてください。声の大きいメンバーばかりが悪目立ちせず、驚くほどに議論が建設的に進むでしょう。

ロールプレイでマインドセットを切り替える

プロジェクトチームにかかわらず何らかのグループでミーティングやブレインストーミングを行う時、自分の社会的地位やいつものポジションに縛られて、自由に発言できないことはよくあることです。

会議に議長は必要でしょうが、議論は自由であるべきです。人材育成の観点からも、メンバーには普段の役職と今回の会議での役割を紐づけさせず、ディスカッションの内容に応じて、さまざまな役割を演じられるようにロールプレイをしておくとよいでしょう。

御茶の水美術専門学校の授業では、グループディスカッションでのメンバーの役割をくじ引きで決めることがあります。くじで引いた役を演じることで、普段の自分とは違ったディスカッションへの関わり方を見つけたりできます。グループが変わっても、新しいメンバーのディスカッションの進め方を見ながら、その時々で自分に適した役割を見つけられるようになります。

グループディスカッションでの役割

- ファシリテーター（メンバー全員の意見を引き出す）
- スクリプター（議事録を取りながら、気づいたことを言う）
- タイムキーパー（進行管理をしながら、話を誘導する）
- アイデアパーソン（多角的な視点で意見を出し続ける）
- リアクション芸人（相槌を打って、その場を盛り上げる）

役職に基づく発言ではなく、役割に基づく発言だと考えると互いに
話しやすくなる

　こうしていろいろな役割を演じることで、さまざまな視点や視
野、視座を学ぶ機会にもなり、必要に応じてマインドセットを切
り替えられるようになるのです。

仮説形成で
インサイトを導き出す

［Marketing Circle］

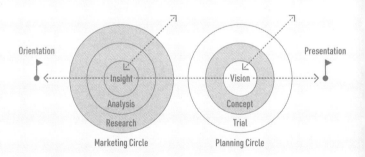

Step 3-1

ビジネスチャンスのあるマーケットを
求めて情報収集を行う［Research］

クライアントからの「出題」を受け、多様性が活きるチームビルディングを行い、プロジェクトを進める準備が整ったら、いよいよマーケティング・サークルへと移っていきます。

Step 3-1では、クライアントの出題に応えるために、ビジネスチャンスにつながる可能性の高いマーケットがどこにあるかを調査していきます。調査結果を参考に、いくつかのマーケットに見当をつけたら、それぞれのマーケットを構成するカスタマーを分析し、カスタマーごとに潜在的なニーズ（要求）を洗い出していきましょう。

このように、クライアントが狙うべきカスタマーと、提供すべき価値について、マーケティング・サークルのリサーチ、アナリシス、インサイトの3つのフローをアジャイルしながら仮説形成を行います。

ここでなぜ、マーケティング・サークルで仮説形成を行うのか

について触れておこうと思います。デザインアート思考における
リサーチは、ほとんどの場合、ビジネスチャンスの発見を目的に
実施されますが、可能な限り競合の少ないブルーオーシャン戦略
につながる新しい要素の発見を目指していきます。

つまり、**クライアント自身もまだ見つけられていないビジネス
チャンスの発見を目指すのです**。リサーチで新規性を指し示す情
報を見つけたら、すぐさま競合分析などで類似例を検証し、今ま
でにないインサイトを導き出して、プロジェクト立ち上げの根拠
となる仮説形成を行いましょう。

デスクトップリサーチとフィールドワーク

具体的なリサーチの方法はさまざまですが、デザインアート思
考では、**デスクトップリサーチ**と**フィールドワーク**を効果的に組
み合わせて進めていきます。

デスクトップリサーチとは、本来は書籍やPCなどで一次資料
や二次資料を探す「卓上調査」を意味します。一方、実際に現場
に赴き、対象をよく観察し、関連する人物にヒアリングを行うな
ど、実地で調べる行為を「フィールドワーク」と呼んでいます。

どちらが効果的かという議論を耳にすることもあるかと思いま
すが、デザインアート思考に関して言えば、現場を訪れたことが
ないのがダメなら、現場しか知らないのもダメなので、デスクトッ
プリサーチとフィールドワークの双方を上手に使いこなすのを推
奨しています。

例えば、フィールドワークで現場を訪れるにしても、人間が1
日に行動できる物理的限界を考えれば、**デスクトップリサーチで
有力候補を選抜して優先順に踏査する方が、はるかに効率的**と言
えるでしょう。

この「事前調査をしてから現場を訪れる」という単純な行為を習慣づけておけば、精神的にも余裕を持ってフィールドワークに臨むことができます。

　また、デスクトップリサーチで関連情報も調べておけば、いざ「当てが外れた」場合も、仮説形成の方向性に軌道修正が加わった程度に捉え、フットワークを軽く次の候補地へと赴くことができるようになります。

デスクトップリサーチでは実状がわからない、フィールドワークの事前調査として行う

フィールドワークで得られる情報は多い、しかし時間と距離に限界がある

デスクトップリサーチとフィールドワークのハイブリッドでの情報収集が望ましい

キーワードを挙げてデスクトップリサーチ

　デスクトップリサーチと言っても、文献やインターネットを通じて得られる情報に際限はなく、膨大な情報を前に立ち尽くしてしまうこともあるかと思います。デザインアート思考では、このリサーチのプロセスを軽快に進められるようにブレインストーミングを行います。

　具体的には、クライアントからの出題をもとに、クライアント自身とその競合について、関連しそうなマーケットや、マーケットを構成するカスタマーについてなど、おおよそ想像し得るニー

ズについて、**あらゆる視点、視野、視座からキーワード出しを行い、これを検索ワードとして、多種多様な情報を集めていきます。**

この場合の調査対象は、単に研究機関や行政が公開している一次資料、二次資料だけではなく、ネットニュースやブログ記事などの三次資料、さらには動画や写真も含まれます。動画や写真に含まれる情報は多く、画像検索をするだけでもさまざまな関連情報を引き出すことができます。

なお、こうした視聴覚資料を引用する場合は、印象に残った場面や、注目すべきポイントなど、自分の考えをこまめにメモするようにしましょう。

また、ツイッターやフェイスブック、インスタグラムなどに代表されるSNSも有効な調査手段となります。チームメンバーの知人に質問リストを拡散してもらうことや、オンラインでアンケートを展開することもできます。ただし、SNSはアカウント保持者のプライベートな情報が含まれていることがほとんどなので、**SNSでのリサーチを依頼する時は無理強いせず、適切な配慮をするか、ビジネスでも使える公開アカウントをつくっておきましょう。**

現場を見てまわるフィールドワーク

フィールドワークでは、デスクトップリサーチで見当をつけた候補地を訪れます。可能であれば、カスタマー像に近い人物にヒアリングをして、その行動範囲を踏査したり、有識者にインタビューして、カスタマーの消費行動の根拠を探ったりします。

やはりインターネットで得られる情報には限界があります。複数の資料を参考にしたとしても、実際に現場を訪れてみると、気候や地形、その場所で生活を営む人々の雰囲気が想像とは大きく違っていることが多々あります。その点、フィールドワークで得

られる情報の量や質は、実見しているだけあってデスクトップリサーチに比べ格段に高く、信頼できると言えるでしょう。

　ただし、フィールドワークは訓練されたリサーチャー（調査者）でも、主観を排除するのが難しいほどなので、**なるべく複数のメンバーで行い、それぞれの調査結果を検証して客観性を保つ**ようにしましょう。

　前述の通り、御茶の水美術専門学校は生物学者が始めた美術学校です。生物学では、研究対象となる生物を、その生息環境も含めて観察するのが基本とされています。生物の生態は、あるいは研究室でも解明できるかもしれませんが、生物はそれ単体で生存しているわけではありません。生態系を意識してほかの生物や環境との関連性を観察しなければわからないことがほとんどなのです。

　本校の創立者は、研究室でのデスクトップリサーチを通じて、研究対象が最も自然体で生息可能な環境が整っている地域を調べ上げました。そうして実際にフィールドワークをすることで、生物と、それを囲む生態系や自然環境を肌身で知り実感を得ることを重視していました。特にフィールドワークでは、発見があればその場でスケッチし、モノゴトの本質を見極める努力を欠かさないことで、後の仮説形成の基礎をつくり上げてきました。

　当時と現代では使えるテクノロジーが違いますが、調査行動の本質は変わらないと言えるのではないでしょうか。

東京・小石川の研究所での調査結果をもとに、小笠原諸島の生態系を踏査する博士

Step 3-2

静止した情報を
動きのある生きた情報に変える［Analysis］

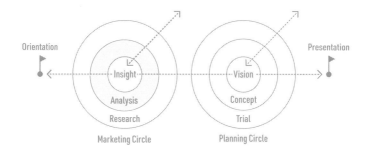

　リサーチのプロセスである程度、「カスタマーの潜在的なニーズ」に関するヒントを得ることができたら、次はアナリシスのプロセスに入ります。

　このステップでは、さまざまな方法での分析を試みますが、まずはリサーチして集めた情報を付箋にスケッチし直し、補足文を加えます。そうすることで、情報に対する理解を深め、自分の解釈を加えていきましょう。

　分析は、スケッチした時点から始まっていますが、机や壁、ホワイトボードに貼る過程でも、どの位置に貼るかで、さらに分析を進めることができます。

　デザインアート思考では、**リサーチで得た情報を、静止しているという意味で「静的な情報」と呼んでいます。**一方、**精度が検証され、分析が加えられ、互いに組み合わせることで生じる化学反応を経た情報は、「動的な情報」と呼んでいます。**

デスクトップリサーチで集めた情報は、一次資料や二次資料という特性上、過去の情報です。フィールドワークの情報は、実地調査とはいえ、リサーチャーの主観が混ざってしまいます。そして、情報は、集めるだけでは静止して動かない化石と同じです。並べてみて共通点を探し、比較して特異な点を見つけ、それぞれを関連づけて初めて全体像がわかり、価値ある生きた情報となるのです。

　せっかくプロジェクトチームで取り組むのであれば、「静的な情報」で満足せず、「動的な情報」で議論を活性化させる工夫を欠かさないようにしましょう。

リサーチして得られるのは数多くの情報の原石である

分析することで情報に命を与え、議論を活性化させる

多角的な視点で、見えていなかった全体像を発見する

比較し、分類し、つなげる

　プロジェクトチームのすべての調査結果を付箋にスケッチし、机や壁、ホワイトボードに貼り出したら、「潜在的なニーズ」の発見を目指して、グルーピングで分析を深めていきます。

　まず、メンバー全員で付箋にスケッチされた内容を紹介し合い、全員の説明が終わったら改めてすべての付箋を俯瞰して眺めます。次に、付箋同士の共通点や特異な点が見えてきたら、共通点のあ

る付箋は近くに集め、特異な点のある付箋は、原因と結果などの関係性がわかるように移動させてグループ分けを行いましょう。

なお、デザインアート思考では、グループの中でも特に注目を引く付箋を「**シャイニングカード**」と呼びます。また、これとは逆にどのグループにも入れなかったような特異で"我の強い"付箋を「**はぐれカード**」と呼びます。これらのカードは、プロジェクトの進行に行き詰まった時に、突破口として役立つ可能性があるので、捨てずに必ずとっておきましょう。

また、ここでは大きなグループをいくつか形成するというよりは、なるべく小さく複数に分けていくのが理想です。

続いてそれぞれのグループに、**その性質を表すキーワードでグループ名**をつけていきます。グループ名は、名詞でひと言というより「間接照明でレトロな雰囲気のあるジャズバーが好きな初老男性」、「開放的で清潔感のあるウッド調のカフェが好きな若年女性」など**形容詞と名詞を組み合わせ**ます。あるいは、「ネットフリックスで寝不足気味なテレワーカー」などと造語を使ってユーモラスに表現してもいいでしょう。なるべく**3つ前後の単語を使った短文**で、グループの性質がわかる名称を考えましょう。

ネーミングは根気のいる作業ですが、このあたりから潜在的なニーズやカスタマー候補が見え隠れし始めるので、グループ名はたとえボツ案となっても思いつき次第すぐにメモして、必要な時にすぐ参照できるようにしておきましょう。

すべてのグループに余さず名前をつけたら、今度はグループ同士の関係性を、例えば人物相関図を描くように、「相性がよい」「犬猿の仲」「信頼関係」「ライバル」「孤高の存在」など、自分たちがわかりやすい言葉で付箋に書き出していきましょう。

こうして情報を整理することで、**ビジネスチャンスがどのグルー**

プにあるのか、どのグループに広げていけるのか、あるいはどの
グループが障害になるのかなどを検証していきます。

　こうしてプロジェクトチームのメンバー全員でリサーチ結果を
分析し、ビジネスチャンスに関するそれぞれの見解を共有しなが
ら、仮説形成の基礎をつくり上げていきます。

共通点と特異な点を参考に付箋をグループに分け、グ
ループ同士の相関図を描く

　情報を動かすことにより、**足りない視点はどこなのか、そこを
埋めるためにはどんな情報や視点が必要なのか**が見えてきます。
情報を俯瞰しながら想像力を働かせれば、新たな側面も見えてき
ます。

Step 3-3

潜在的なニーズを見つけ、
本当のカスタマーの存在に気づく［Insight］

このステップは、マーケティング・サークルのインサイトのプロセスにあたります。ここでは、プロジェクトチームの全員でつくり上げてきた仮説形成の基礎から「**潜在的なニーズ**」と「**見えていなかったカスタマー像**」を顕在化させ、クライアントが獲得すべき本当のビジネスチャンスについて議論し、ビジネスチャンスに関する仮説形成の完成を目指します。**

まず、アナリシスのプロセスで行ったグルーピングを参考に「潜在的なニーズ」を探します。ここでは、付箋単位ではなく、グループ名に注目しましょう。例えば「ネットフリックスで寝不足気味なテレワーカー」のニーズは、「仕事に集中できるテレワーク環境」や「心からリラックスできる休日」かもしれません。ただ、潜在的なニーズとしては「オンオフの切り替え」や「ステイホームを活かして家族の絆を強めること」だとも考えられます。

続いて「見えていなかったカスタマー像」を探しますが、これ

もグループ名にヒントがあります。例えば「間接照明でレトロな雰囲気のあるジャズバーが好きな初老男性」、「開放的で清潔感のあるウッド調のカフェが好きな若年女性」などは、すでに「初老男性」と「若年女性」がその特徴と共に挙げられています。さらに、間接照明でレトロな雰囲気のあるジャズバーから転じて、ランチタイムの活用を考えるとしたら、対象は初老男性にとどまりません。昼間でも雰囲気がよければ、薄暗いレストランでのランチの方が落ち着くというカスタマー像も見えてきます。

いずれもグループ名から想像を広げましたが、グループ名から発想が広げられない場合は、グループを形成する「シャイニングカード」をはじめとした個々の付箋を読み返してみましょう。そこに潜在的ニーズやカスタマー像につながるヒントがあるはずです。また、特異性のある「はぐれカード」が形成するグループや個々の付箋も参考にしましょう。前述のジャズバーのランチタイム活用など、性質の異なるモノゴトを組み合わせることで新規性が見えてくることもあります。

こうして、潜在的なニーズやカスタマー像の顕在化を進めたら、改めてクライアントからの出題をクライテリア（判断基準）に、プロジェクトとして取り組むべき潜在的ニーズやカスタマー像を選抜して、優先順に並べていきましょう。

インサイトは、マーケティング・サークルの中心にあり、本当の潜在的なニーズやカスタマー像への「気づき」とも言い換えられますが、**気づきは多い方がよいので、1つに絞る必要はありません**。なぜなら、インサイトとしてニーズを1つに絞ってしまうと、このあとの展開が、例えば「開放的で清潔感のあるウッド調のカフェが好きな若年女性」に対して「開放的で清潔感のあるウッド調のカフェ」を提案するような、目の前のニーズに応えるアイ

デア出しに終始してしまうからです。それでは本質的な課題解決に至らず、往々にして表層的なプロジェクトになってしまいます。

逆に気づきを優先順に並べておけば、複数の気づきを検証しながら、例えば、都心に「間接照明でレトロな雰囲気のあるレストラン」や「開放的で清潔感のあるウッド調のカフェ」を求めるカスタマーが多いのは、「都心での滞在時間が長いビジネスパーソンがサードプレイスを必要としているから」だといった仮設形成が可能になります。そして、本当の潜在的なニーズに気づける可能性も高まります。

シャイニングカードとはぐれカードは、プロジェクトが
行き詰まった時に役立つ

STPマーケティングでコンセプトを探る

[Research → Analysis → Insight → Concept]

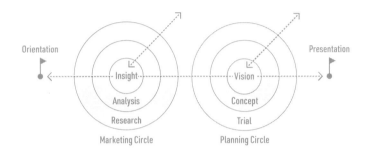

デザインアート思考は、自分やプロジェクトチームの思考プロセスの可視化、整理、客観化などを目的として考えられた思考法です。情報の視覚化によって、プロジェクトチーム内の意思疎通が円滑になり、コミュニケーションが活性化されることを目指しています。

そして、デザインアート思考が「思考法」である以上、さまざまなフレームワークを組み合わせることができます。例えばアナリシス、インサイト、コンセプトのフローで3C分析やSWOT分析などを取り入れることもできます。また、トライアルのプロセスを詰めるのにカスタマー・ジャーニー・マップを活用することもできます。要点さえつかめていれば、自分らしくカスタマイズすることが可能です。

特にマーケティング・サークルでは、クライアントが理解しやすいフレームワークを使うことを推奨しています。本書ではその

具体例として、マーケティングの基本的なフレームワークをいく
つか組み合わせ、その使い方をデザインアート思考流に解説して
いきます。

　Step 3-4では、関連するフレームワークとして、経営学者であ
るフィリップ・コトラーが提唱している「**STPマーケティング**」
を取り上げます。この基礎中の基礎というべきマーケティングの
フレームワークをデザインアート思考流に使いこなすとどうなる
のか、実践していきましょう。

STPマーケティングとは？

　広大な世界で、人類が形成する大中小規模のマーケットは実に
多種多様に存在します。それを見つけることこそがビジネスチャ
ンスの発見にあたり、多様性のあるチームビルディングが必要と
される所以です。

　STPマーケティングでは、**この広大なマーケットを、クリエイ
ターの視点でセグメンテーション（市場を細分化する）し、そこ
から特定のカスタマー群をターゲティング（対象を絞る）します。
こうしてカスタマー群を捉えるためにクライアントが取るべきポ
ジショニング（位置づける）を決めていくのです。**

　このフレームワークは、デザインアート思考のマーケティング・
サークルにおける、リサーチ、アナリシス、インサイトをたどれ
るばかりか、プランニング・サークルのコンセプトまで検証する
ことができます。

STPとは？

S＝Segmentation（セグメンテーション）

クライアントの出題を参考に、クリエイターの視点で、広大なマー

ケットからビジネスチャンスにつながりそうなマーケットを選抜し、カスタマー特性別に分割する。

T＝Targeting（ターゲティング）

多種多様なカスタマー群と、それぞれが形成するマーケットの中から、クライアントの出題を参考に、狙うべきマーケットを1つまたは複数定める。

P＝Positioning（ポジショニング）

狙うべきマーケットを決めたら、それを形成するカスタマー群に対して、クライアントが提供するべき価値を検証する。

広大なマーケットの全体像を捉える

　まず、STPマーケティングの基本理解として、決してマーケットだけを注視しているわけではなく、マーケットを形成するカスタマー群も重視していることをおさえておきましょう。なぜなら、実際に消費行動を起こすのはこの人たちだからです。

　カスタマー群を見つけ、時にこのカスタマー群のニーズに応えている競合を参考にしながら、クライアントが取り組むべき「潜在的なニーズ」や提供すべき価値を考えていきます。

　STPのS（セグメンテーション）では、**広大なマーケットをカスタマーのニーズを参考に分割していきます**。ただ、ひとくちに「ニーズで分割」と言われても慣れていなければ難しいものです。デザインアート思考では、**カスタマー像を視覚化しながら、カスタマーのライフスタイルを想像し、消費行動をシミュレーションしていく**ことで、より気軽に、より丁寧にカスタマーのニーズを探っていきます。

　準備として、複数の色の付箋を用意しておきましょう。

　まず、ブレインストーミングを行う気持ちで広大なマーケット
から、クライアントの出題に関連し得るカスタマー候補をなるべ
くたくさん心に思い描きます。

　次に、**心に思い描いたカスタマー候補の年齢、ジェンダー、職
業といった大まかな情報と、これらの情報から想像されるカスタ
マーの容姿を上半身だけ１つ目の色の付箋にスケッチ**していきま
す。まずはカスタマー候補の人物像をイメージするのに必要最低
限の情報があれば十分なので、とにかくたくさんのカスタマー候
補を同じ色の付箋に描いていくようにしてください。

19歳、女性、専門学生　　　　34歳、女性、専業主婦　　　　46歳、男性、会社員営業職

　カスタマー候補の人物像がスケッチされた付箋が、壁や机、ホ
ワイトボードなどの盤面に見るからにたくさん貼られている状態
になったら、いよいよセグメンテーションの作業に入ります。

　まずはメンバーそれぞれで描いたカスタマー像を紹介し合って、
情報共有、および意見交換を行いましょう。メンバーに多様性が
あればあるほど、多様なカスタマー候補が並べられていることに
気づくはずです。

　続いて、メンバー全員で貼り出されたカスタマー像を俯瞰して
眺めます。思いつく範囲でカスタマー像別にニーズを２つ目の色
の付箋に書き出して、１つ目の色の付箋のそばに貼っていきます。

さらに、ニーズを示す2つ目の色の付箋をクライテリアに、カスタマー像を示す1つ目の色の付箋を集めてグルーピングを行います。そして、3つ目の色の付箋でグループ名をつけながらニーズ別のグループを形成していきます。

　こうして、プロジェクトメンバーの目前に、雑多なカスタマー群ではなく、ニーズ別にセグメンテーションされた複数のカスタマー群が現れてきます。

細分化されたマーケットを比較して狙いを定める

　次に、STPのT（ターゲティング）の作業に入ります。

　まず、セグメンテーションを参考に、4つ目の色の付箋を使って**それぞれのニーズからカスタマー群別にそのライフスタイルを絵に描くなどして想像**しましょう。

　例えば、「アウトドアブランドのタウンユースの服」を着る中年男性は、都心ではなく「郊外の自然の多い地域の戸建て」に住んでいる可能性があります。料理が好きで「家庭菜園から始めるベジタリアン」かもしれないし、「休日は友人とバーベキュー」する人かもしれません。ライフスタイルはカスタマーの衣食住に表れます。

　さらに、クライアントの出題をクライテリアに、**プロジェクト化の余地のあるライフスタイルを優先順に選抜し、そのニーズに応えている競合の事例も調べてメモ**していきます。競合がどのような価値を提供することでニーズに応えているかがわかれば、クライアントが新しく提供する価値や、差別化すべきポイントを提案できるようになります。

　最後に、**カスタマー群がそれぞれに形成するマーケットの参入障壁の高さを調べます**。強力な競合が存在するマーケットでは、

熾烈な競争を強いられるでしょう。逆にクライアントの強みを活かして競合の少ないマーケットで成功すれば、先行者利益を得られるかもしれません。クライアントは、どのカスタマー群を優先すべきか、特定のカスタマー群を選択した場合、ほかのカスタマー群にどういう波及効果があるのかを議論し、ターゲットとするカスタマー群、参入するマーケットを選抜していきましょう。

カスタマー群にクライアントが提供すべき価値を検証する

カスタマー群に優先順位をつけ、優先度の高いところを狙うのか、関連するカスタマー群すべてを狙うのかを決めたら、ようやくSTPのP（ポジショニング）に入ります。これまでが情報を集中させる作業だったのに対して、ここからは情報を拡散させる作業になります。よって、セグメンテーションやターゲティングとは性質の異なる展開となります。

具体的には、**ターゲットに定めたカスタマー群に対してクライアントが有効に提供できる価値は何かを、これまでの資料を参考にプロジェクト開発の方針を決めていきます。**

ポジショニングを決めるにあたって、初めにマーケットでの位置づけを変えようとしているクライアントの強みと弱みを再認識する必要があります。特に強みは、**競合優位性（USP）**と呼ばれ、競合との比較を通じて初めて認識できる要素なので、ここでは盤面を新しくして、再び情報の視覚化に挑みましょう。今まで気づかなかったクライアントの強みが見つかるかもしれません。

それでは、クライアントからの出題を振り返りながら、ターゲティングで選抜したカスタマー群に、まずはクライアントと競合が提供している価値を、商品やサービスの絵と共に1つ目の色の付箋に描いていきましょう。

ここでの価値は、主に商品やサービスをカスタマーが使用した際の価値になります。例えば、芳香剤なら「自宅のにおいを好きな香りに変える」でしょうし、消臭剤なら「自宅のにおいを無臭にする」となります。ここから付加価値を発展させていきます。

　次に、それぞれの企業がカスタマー群に提供している価値が描かれた1つ目の色の付箋を俯瞰し、類似する価値同士で分類します。そして、2つ目の色の付箋にグループ名を書いて、該当する分類のそばに貼っていきましょう。

　クライアントの持つ価値が、いずれかのグループに分類されていれば、差別化のポイントを追求する必要性が強くなります。逆に、いずれにも分類されていなければ、その新規性のポイントをさらに追求することになります。なぜなら、グループ化できない価値は、グループを形成し合うほかの価値の提供者、つまり競合がいないというブルーオーシャン戦略につながる可能性があるからです。

　この段階で判断できるポジショニングは、**クライアントが持つ価値の徹底した差別化を図って、競合の多いレッドオーシャンに挑むか、新しい価値を創造して競合の少ないブルーオーシャンに挑むか**です。いずれにせよ、マーケットが存在するということは、たいていそこに競合も存在するということなので、どのマーケットに参入するにせよ、新しい価値の創造と差別化の徹底は、両輪で進める必要があるでしょう。

　つまり、問題は「どのような価値を追求するか」という方針になります。デザインアート思考のコンセプトにあたる箇所は、競合優位性の追求がカギになります。クライアントの現状の強みに限らず、今後の可能性も含めて現時点で考え得るポジショニングを3つ目の色の付箋に短文で書いて共有し、議論して決めていき

ましょう。

　以上のように、STPマーケティングにおけるセグメンテーション、ターゲティング、ポジショニングのフローによって、デザインアート思考におけるリサーチ、アナリシス、インサイト、コンセプトのフローを検証することができます。

STPマーケティングでは多量の情報からプロジェクトにとって有益な情報を選別する

3C分析でコンセプトのシーズを見つける

［Research → Analysis → Insight → Concept］

Step 3-5では、経営コンサルタントでビジネス・ブレイクスルー大学学長の大前研一が提唱しているフレームワーク「**3C分析**」を取り上げます。デザインアート思考では、この著名なマーケティングのフレームワークをより直感的に使いこなせるように工夫しています。

3C分析とは？

ビジネスチャンスを見極め、有限なリソースを適切なタイミングで効率的に配分していくには、なんと言ってもまずは現状把握をしなければなりません。

特にマーケティング戦略を立案するためには、カスタマーとそれが形成するマーケットにおけるニーズの変化、競合の戦略、さらにはクライアント自身の強みと弱みを知って初めて、盤面が見え、次に打つ手がわかってくるのです。

　3C分析は、**カスタマー（市場・顧客）とコンペティター（競合）、そしてコーポレーション（自社）の三者について、カスタマーとコンペティターの関係、カスタマーとコーポレーションの関係といったように2つをかけ合わせて分析**します。そして、コーポレーションに該当するクライアントが参入するべきマーケットでの**主要成功要因（KSF）を洗い出し、失敗しないマーケティング戦略の立案を目指します。**

　3C分析におけるカスタマー、コンペティター、コーポレーション、主要成功要因のフローによって、デザインアート思考におけるリサーチ、アナリシス、インサイト、コンセプトのフローを検証することができます。

3Cとは？

Customer（カスタマー、市場・顧客）

マーケット規模や膨張収縮の可能性、カスタマーニーズの変化を分析する。

Competitor（コンペティター、競合）

マーケットやカスタマーのニーズに応えている競合の成功要因を分析する。

Corporation（コーポレーション、自社）

マーケットやカスタマーのニーズ、競合の成功要因を参考に、クライアント自身の強みや弱みを分析し、競合を超える主要成功要因を定める。

🖊 OUTPUT　ムードボードで3Cを導き出す

　それでは、デザインアート思考流に、3C分析を直感的に進めて

いきましょう。ここでは、デザイナーがクライアントとデザインコンセプト（視覚化の方針）を共有する際に用いる「ムードボード」の手法を利用します。

カスタマー候補から未確認のマーケットを可視化する

　ムードボードとは、デザイナーが用いるコミュニケーション・ツールです。まだ仕上げのデザインがなされていない商品やサービスに対して、詳細なデザイン作業に入る前に、どういうムード（雰囲気）で進めるかを、既存の写真をコラージュして伝えます。

　本来、**ムードボードは自分の思考を視覚的に整理するのと、クライアントとデザインの方向性を調整するために使われます**。初期の打ち合わせにおいて使用するものなので、気軽にフットワークを軽く制作することが求められます。そのため、自分で撮った写真ではなく、例えばインターネットからイメージに近い画像を選んでボードにレイアウトしていきます。ただし、ムードボードは著作権の観点から内部資料として扱います。

　それでは、3C分析の最初の段階であるカスタマーに取り組んでいきましょう。まず、インターネットで画像検索ができる環境を整えます。そして、**クライアントの出題を参考に、見えにくい「マーケット」ではなく、想像しやすい「マーケットを形成するカスタマー」について、その容姿や所属するコミュニティーの特徴、あるいは衣食住などの消費傾向をキーワードとして画像を検索**します。イメージに近い画像を100枚ほど集め、あらかじめ作成しておいたフォルダに入れておきましょう。

　次に、メインでオペレーションを行うメンバーを選び、そのメンバーのPCを使ってチームで意見交換しながら画像を30枚ほど選抜します。パワーポイントなどを使い、それらを1枚のスライ

ドにレイアウトしていきます。この時、可能であればオンライン
で画面共有を行うか、モニターやプロジェクターなどの大画面で
映し出すと意見交換が活性化するでしょう。

こうしたマーケティング目的のムードボードを制作する過程で、
自然とチーム内のコンセンサス（合意形成）が図れるばかりか、
百聞は一見に如かずの言葉通り、分析結果がひと目でわかるよう
になります。

マーケットで成功している競合を洗い出す

次に、コンペティターのムードボード制作に取りかかります。
カスタマーのムードボードをチームで共有しつつ、可能であれば
映し出しながら、そこから連想されるカスタマーニーズに応えて
いると思われる商品やサービスのイメージを、再びメンバー全員
で画像検索から取り組みます。**画像検索の過程で、カスタマーの
マインド・シェア（p.130参照）の高い商品やサービスを見つけ
たら、これに関連する競合と、今度はその競合のイメージを画像
検索しましょう。**

こうして100枚程度の画像を集めたら、今度はメンバーそれぞ
れで、カスタマーに対して成功していると思われる要素を中心に
画像を30枚ほど選抜して、1枚のスライドにレイアウトしていき
ます。これが仕上がったら、メンバー全員でムードボードを紹介
し合い、意見交換をしながら、どの競合を優先すべきか決めていっ
てください。

こうして、**コンペティターの存在とその商品やサービスの主要
成功要因、ブランディングの方向性について、ひと目でわかるボー
ドを作り上げていきます。**

カスタマーとコンペティターのムードボードを印刷して並べれ

ば、コンペティターがカスタマーに対して提供できている価値は何なのか、ほかのカスタマーとの差別化のポイントが何なのかがより具体的に検証しやすくなるでしょう。

クライアントが持つ長短両方のイメージを顕在化させる

続けて、コーポレーション（自社）のムードボードを制作します。要領はカスタマーやコンペティターと同じです。可能であれば、それぞれ印刷するか映し出すなどして、並べて比較できるとよいでしょう。

コーポレーションのムードボードに関しては、**初めにクライアントの現状把握を優先し、まずはクライアントがカスタマーからどう見られているかを想像してみましょう。**そこからキーワードを導き出し、画像検索していきます。

初めは弱みばかりが目につき根気のいる作業にはなりますが、ムードボードが仕上がったら、カスタマー、コンペティター、コーポレーションの三者を並べて見てください。なぜ、競合を越えられないのかが一目瞭然でわかるはずです。

カスタマー：健康志向、肉体美を追求する人々によって形成されるボディメイク市場

コンペティター：何らかのスポーツに励み、トレーナーをつけて休日に全身を鍛える

コーポレーション：スポーツジムに入会し、平日に自分のペースで鍛えたいところだけ鍛える

　そして、ここからが今回の最終工程なのですが、三者のムードボードを見比べながら、クライアントがどう変わるべきか、メンバー全員でイメージに合う画像を集め、意見交換をしながら1枚のスライドにまとめていきましょう。こうして、**現状のクライアントと、理想のクライアントを比べれば、目標とすべき主要成功要因も明確になり、打つ手も自ずと見えてくるようになります。**

　また、こうして制作された最低4枚のムードボードは、クライアントや社内向けのプレゼンテーションでも有効活用できます。デザインアート思考では、こうした手法を「ムードボード・マーケティング」と呼んでいますが、ぜひほかのフレームワークでも応用してみてください。

Before：視覚化された現状の　　After：視覚化された理想のク
クライアント　　　　　　　　ライアント像

3C分析で顕在化するのは、主要成功要因だけではない

　3C分析を行うことで自ずと見えてくるのは、クライアントが参入すべきマーケットでの主要成功要因だけではありません。主要成功要因を導き出した、クライアント独自の競合優位性もムードボードで視覚化されます。

　この2つをコンビニエンスストアの成功事例でたとえると、主

要成功要因としては「品ぞろえのよさ」などが考えられます。一方で競合優位性としては、「オーガニック商品のプライベートブランド」などが挙げられます。このように双方は相関関係にあるので、片方が思い浮かんだら、もう片方も思い浮かべる習慣をつけましょう。

🔍 **KEYWORDS**

KSF（Key Success Factor＝主要成功要因）
ターゲティングしたマーケットで、カスタマーのニーズに応えている要素、要因。

USP（Unique Selling Proposition＝競合優位性）
競合にない、クライアント独自で持っている価値で、カスタマーのニーズに応え得るもの。

ペルソナを創造し、
ビジョンを仮決めする

［Marketing Circle → Planning Circle］

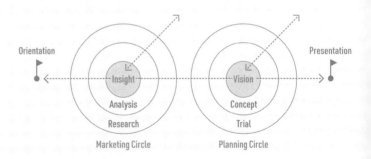

カスタマー候補をプロフィールから
つくり上げる［Insight］

Step 4では、マーケティング・サークルのリサーチ、アナリシス、インサイトのフローをアジャイルして浮かび上がってきた「潜在的なニーズ」を持つカスタマー群から、**さらに１人の人物を選抜して、詳細なプロフィールを考えながらペルソナ（仮想ターゲット）として視覚化**します。その人物には、プランニング・サークルの案内役として活躍してもらうことになります。

これまで、STPマーケティングや3C分析といったフレームワークも活用して、ビジネスチャンスを多角的に検証してきましたが、いずれもマーケットだけではなく、マーケットを形成する「カスタマー群」や「カスタマー個人」の存在が見えていたのではないでしょうか。やはり商品を購入しサービスを利用するのは人間だと考えれば、当然の帰結と言えます。

ただしこれらのフレームワークは、潜在的なニーズを探ることができても、カスタマー像を具体的に描写する工程が不十分であ

り、ビジネスチャンスのみをクライテリアにマーケティングデータを分析し、プロジェクトの開発を進めるという「売り手」優先になる傾向があります。この傾向はこれらのフレームワークが、日本では高度経済成長期を経た企業が、プロダクト（製品）の機能や品質で競合と熾烈な争いを繰り広げていた「**プロダクトオリエンテッド（製品志向）**」の時代に提唱されたことに原因があります。

　プロダクトオリエンテッドと呼ばれる時代は、情報革命前夜で、クリエイターがカスタマー個々の「潜在的なニーズ」まで調べる術を持っていませんでした。そのため、カスタマーを常にセグメント化してグループ単位でターゲティングをしていました。こうして、グループ単位のニーズに応える必要から量産型の商品が主流になったのです。

　また、プロダクトオリエンテッドでは、商品主体の考え方から、企業やクリエイターが開発したい商品を作り、あとで売り方を考える「**プロダクトアウト**」という現象が多発しました。

　当時は環境や社会への意識が低く、現代では非難されるような経緯で開発された商品でも市場占有率の拡大を優先に許容されたのです。この競争原理が外部性の軽視を招き、グローバル化の負の側面と相まってサプライヤーを圧迫し、公害をも発生させました。これがMDGsやSDGsが提唱されるに至った経緯であり、デザインアート思考のビジョンが必要な理由になります。

　その後、情報革命を経てインターネットが普及し、クリエイターがカスタマー個々のニーズやウォンツを知る術が確立されると「**カスタマーオリエンテッド（顧客志向）**」の時代に突入していきます。カスタマーオリエンテッドでは、商品主体の考え方は変わらなくても、セグメント単位ではなくカスタマー個人単位のニーズに応える商品が開発されるようになりました。規模の経済で価格を抑

えられなくても、カスタマー別のニーズに応える、あるいはビジョン実現に貢献することで購買行動を促すのです。こうしたカスタマーが望む商品を作って売るのを「**マーケットイン**」と言います。

　このマーケットインでは、特定のカスタマーに狙いを定めてプロジェクトを展開するほかに、仮想のカスタマー像を詳細につくり上げてプロジェクトを開発する方法があります。そして後者が、マイクロソフト社のユーザー・リサーチ・マネージャーだったジョン・S・プルーイットが提唱した**ペルソナ戦略**で、買い手を可視化して検討するものです。視覚化されたペルソナには、インサイトの視覚化としての役割と、プランニング・サークルのクライテリアとしての役割があり、デザインアート思考の中でも重要なファクター（要素）となります。

昭和のバブル期→プロダクトオリエンテッド（製品志向）
生産力の向上により、競合が増えコモディティーも増える。製品の機能性や品質で競合との差別化を図る。

昭和から平成→セールスオリエンテッド（販売志向）
モノが溢れ、売り手本位の「プロダクトアウト」で需要過多に。魅力的なプロモーションで在庫の一掃を目指す。

情報革命後の平成→カスタマーオリエンテッド（顧客志向）
インターネットの普及により、カスタマーのニーズが個人単位で顕在化する。カスタマー別にモノを作る「マーケットイン」に。

令和→ソーシャルオリエンテッド（社会志向）
環境や社会の問題が悪化し続ける一方で、適切な配慮のある商品

サービスがカスタマーに支持されるようになる。

ターゲットとペルソナの違い

ここで、授業でも質問の多いターゲットとペルソナの違いについて見ておこうと思います。

まず、どちらもクライアントにビジネスチャンスを提供できるカスタマーやそのグループであることがクライテリアになります。

次に、**ターゲットはカスタマー個人を指すのではなく、同じニーズで形成されたカスタマーのグループを指します**。ゆえにターゲティングでは、ニーズをもとにマーケットをセグメントして、ターゲットとするカスタマー群を選抜します。例えばターゲットは「20代、女性、オフィスワーカー」というふうに表現されます。

これに対して、**ペルソナはカスタマー個人を指す**ため、実在するならばヒアリングを行い、架空の存在を想定するならば詳細なプロフィールを創作する過程で、その潜在的なニーズを顕在化させていきます。例えば、ペルソナは「23歳、女性、新米の銀行員、学生時代から友人は多い。ひとり暮らしを始めたばかりで経済的に余裕がないが、ファッションにはこだわりがある。生活費を切り詰めても友達とショッピングに出かけるのを楽しみにしている」といったように表現します。

ターゲットに届ける商品やサービスは、ターゲットが属するグループへの認知を促し、その全員に購買されることを目指します。それに対し、ペルソナに届ける商品やサービスは、プロフィールに該当する実在の人物の認知を促し、その人物に購買され、好評価を得ることで、その人物の家族や友人などに購買行動が広がっていくことを目指します。

ターゲットは、複数のカスタマーを対象とする都合上、プロジェクトの角が取れて平均化しやすく、プロモーション（広告宣伝）としては不特定多数を狙いやすいテレビや**ラジオ、新聞、雑誌など**のメディアを利用します。一方、ペルソナは、カスタマー個人を対象とするため、プロモーションは**インターネット広告**を中心に、プロジェクトの対象を特定できるメディアを利用します。

　ターゲットはプロダクトオリエンテッドの時代に活用され、ペルソナはカスタマーオリエンテッドの時代に活用され始めましたが、クリエイターが取り組むプロジェクトによってビジネスチャンスのあり方は変わるので、既存のクライアントの商品やサービスなどを参考にしながら臨機応変に選ぶのがよいでしょう。

　ただし、ソーシャルオリエンテッドの現代では、クライアントやクリエイターのみならず、カスタマーともパートナーシップを組んで、SDGsをクライテリアに環境や社会に貢献し得る価値を共創する時代となっています。デザインアート思考では、セグメントによるターゲティングではなく、ペルソナを想定することで、マーケットの持つ多様性を捉えやすくしています。

ターゲットでは、同じニーズを持つカスタマーで形成されたグループを狙う

ペルソナでは、1人のカスタマーを起点に、マーケットの拡大を目指す

✎ OUTPUT ペルソナスケッチを描く

　ここでマーケティング・サークルの総仕上げとして、新しいビジネスチャンスにつながる「潜在的なニーズ」を抱えた「今まで見えていなかったカスタマー」を探求し、**新しいビジネスチャンスのカギとなるペルソナを実際に描いていきます**。ビジュアル・コミュニケーションを通じて、プロジェクトチーム内でアイデアを共有し、インサイトを導きやすくする情報収集を行います。

　まず、複数色の付箋を用意し、1つ目の色の付箋にペルソナの容姿を上半身だけ描き、名前、年齢、ジェンダー、職業、年収と補足文を書き加えていきましょう。ペルソナは、現実味のある人物を想定することが望ましいため、名前はフルネームで書きます。また、職業も「会社員」というような漠然としたものではなく、総合職、営業職、事務職で何を担当しているかなど、なるべく具体的に書きましょう。例えば、「学生」の場合は、学部や学科まで書くとよいでしょう。

　次に、2つ目の色の付箋に、1つ目の色の付箋を参考にして、ペルソナが普段どのように情報を集めているのか、その手段を書きましょう。スマートフォンなどの場合は、使用しているアプリやサービスまで想定して描くとよいでしょう。

　続いて、3つ目の色の付箋には、ペルソナのライフスタイルとして、消費傾向を描いていきます。ここでは、ペルソナの衣食住を想像し、それぞれ1枚ずつ描くとよいでしょう。

　ここまで進んだら一旦手を止めて、メンバー全員に向かって、自分の描いたペルソナとその人物設定の紹介を行います。全員の紹介が済んだら、共通点や特異な点を基準にグルーピングを行いましょう。その後、それぞれのグループの性質をグループ名とし

て書くことで、インサイトを深めていきます。

人物設定

情報収集方法

ライフスタイル（衣）

ライフスタイル（食）

ライフスタイル（住）

　メンバー同士の意見交換が行われ、ペルソナのプロフィールが
より詳細に設定されたら、どのペルソナを今後のプランニング・
サークルの案内役にするか決めていきましょう。**選抜する際のク
ライテリアは、クライアントにとってビジネスチャンスになり得
るかどうか**です。もし1人に絞れない場合は、優先順位をつけて
仮決めしておくのもよいでしょう。プランニングの過程で、後々、
ペルソナ同士のつながりが生まれてくることもあり得ます。

　こうして選ばれたペルソナを、今度は1枚の紙、あるいは1つの
画面にスケッチしていきます。

　その際、ペルソナの交際履歴も書き込みます。家族や友人など、

普段の人間関係を表現します。

さらに、ペルソナの性格を表すエピソードを書き入れます。エピソードは、ペルソナの購買行動を推測するヒントになるような要素が含まれているとよいでしょう。

例えば、「ハイブランドのアパレル店舗でアルバイトをしているが、普段はプチプラの服を好む」、「恋人とグランピングに行くために貯金をしているが、街頭募金を見かけると応じてしまう」や「通勤電車に乗ったらすぐに海外ドラマを観る」、「カフェに入るとまずはケーキから頼む」など、販売チャネルやプロモーションが連想できるとよいでしょう。

このスケッチは**1人で描くのではなく、なるべくミーティングの席で意見交換をしながら描きましょう**。この過程でチームのコンセンサスがより強固になり、プランニングのはっきりとしたクライテリアとしてペルソナが登場してきます。

人物設定

- ペルソナの容姿（人物設定のほかの要素に基づき上半身を描く）
- 名前（ペルソナの氏名をフルネームで書く）
- 年齢（年代ではなく、年齢を特定して書く）
- ジェンダー（身体的性だけでなく、性自認や性的指向も書く）
- 職業（業種、職種、役職など、詳細に書く）
- 年収（その職業の標準より高いのか低いのかを書く）

背景設定

- 情報収集方法（ペルソナが日常で使用する情報収集の手段を描く）
- ライフスタイル（衣食住など、ペルソナの消費傾向を描く）
- 交際履歴（家族や友人など、ペルソナを形成する人間関係を描く）

- エピソード（ペルソナの性格がわかるエピソードを紹介する）

　こうして浮かび上がってきたペルソナこそが、みなさんがマーケティング・サークルを経て選び抜いた、新しいビジネスチャンスのカギになる「潜在的なニーズ」を表します。このように、マーケティング・サークルの最終工程では、「この人物をクライテリアに考えればよかったんだ」という「気づき」の視覚化を行います。

完成したペルソナスケッチ

Step 4-2

プロジェクトのビジョンを
仮決めする［Vision］

クライアントのビジネスチャンスのカギとなるペルソナの視覚化を済ませたら、プランニング・サークルに移動して、プロジェクトを実現するビジョンを仮決めします。

前述の通り、ビジョンはデザインアート思考で最も重要なファクターです。ビジョンを「夢」や「理想」、「哲学」と意訳する人もいますが、デザインアート思考では現時点でビジョンを「目的」と意訳しています。これは、ソーシャルオリエンテッドの時代にプロジェクトチームが何を目的にビジネスチャンスを創出すればよいのか、そのモチベーション（動機）の在り処をはっきりさせる意図があります。

マーケティング・サークルで「見えていなかったカスタマーの潜在的なニーズ」を探ってきたのに対して、プランニング・サークルでは、クリエイター自身やプロジェクトチームが、プロジェクトの成功によってどんな世界を実現したいのかという、「見えて

いなかったクリエイターサイドのモチベーション」を明確にしていきます。

カスタマーのニーズを見つける

クリエイターのウォンツを見つける

ビジョンを掲げる意義

近年のマーケティングでは、情報革命の影響を受けて、ペルソナ戦略に代表される買い手優先のフレームワークが増えています。これは、カスタマーの発言力が増しただけでなく、発言自体に多様性が出てきたことを意味しています。

これに対して、売り手である企業は責任投資原則（PRI）やESG投資の影響や、パーパスブランディングなどへの注目から、環境や社会に対して自らの存在価値を見直し、フォロワーを増やす動きが活発になっています。

ここで再び重要になってくるのが、企業、クリエイター、カスタマーそれぞれのビジョンです。どの視座に立ったとしても事業には目的があり、利益はその結果でしかありません。特にSDGsが無視できなくなった現代では、今まで以上に何らかの明確な目的のもとに行動することが求められています。もちろん、必ずしもSDGsに貢献するビジョンを掲げることはありません。しかし、

SDGsに貢献しないビジョンは、なぜ貢献できないのかを振り返っておくことで、将来のリスク管理を行うことができます。

そして、世界市場の成熟期を迎えた現代では、新しい土地や資源に乏しく、共有や再利用を視野に入れなければならない現状にあります。これは、商品主体のモノ消費から、サービス主体のコト消費へとカスタマーの消費傾向を変化させています。ソーシャルオリエンテッドの時代においては、空きスペースの共有で成功したウーバーやAirbnbの事例が示すように、すでに買い手と売り手を超えた価値の共創へと進化しています。こうした時代にビジョンを掲げる意義は、企業であれ、個人であれ、自らの言動のクライテリアを知ること、自分に合ったパートナーシップのあり方を知ること、そして何より、自分のビジョン実現の協力者を得ることにあるのです。

ペルソナスケッチに表情を描き加える

プランニング・サークルのビジョン、コンセプト、トライアルのフローは、言い換えると「**なぜ（Why）実現したいのか**」、「**どう（How）実現するのか**」、「**何（What）で実現するのか**」となります。

そして、デザインアート思考で最も重要なファクターは、あくまでビジョンであり、「なぜ」を考える必要があります。しかし旧弊として、ほとんどの場合「なぜ」を考えるのは、自分の属しているコミュニティーのリーダーの役割とされてきたため、そうでない人はそもそも「なぜ」を考える習慣がありません。特に現代では、プロジェクトチームで開発した商品やサービスの価値が、カスタマーの日常の文脈に沿って新しい価値へと変化していきます。プロジェクトのビジョンを明確に、なるべくクリエイターの意図する方向へ変化するよう誘導したいものです。

それでは、この「なぜ」を考えるのに慣れていない人がビジョンを考えて掲げるにはどうしたらよいのでしょうか。ここは急がず、少しずつビジョンにつながるイメージを蓄積していきましょう。

SDGsもまた、ビジョンを考えるヒントになる

そこで役立つのが、ペルソナスケッチです。デザインアート思考におけるペルソナは、ビジネスチャンスを体現するカスタマーの視覚化です。プロジェクトを届けたいカスタマーが**「幸せである姿」を想像して描く**ことから始めてみましょう。最もシンプルに幸せを連想させる表現は「笑っている表情」でしょう。この笑顔が描けたら、カスタマーの日常を想像し、1日にどれだけ感情が変化するのか、ほかの表情のパターンも描いてみましょう。こうして顧客心理のパターンを視覚化しておくと、後にペルソナの購買行動を予測する際にも役に立ちます。

ペルソナの心理パターンを表情で視覚化しておく

こうして描かれた**ペルソナの表情のパターンを、笑っている表情に至るように並べ換えて**みてください。自然と笑顔に至るストー

リーが見えてくるのではないでしょうか。それぞれの表情の背景に、ペルソナのどんな気持ちや行動があったのかを考えてみてください。ペルソナが抜け出したい現状、叶えたい理想が見えてきます。この理想の状態を表す表情が、クリエイターがペルソナのビジョン実現に貢献した際に初めて見ることができる表情です。この時ペルソナはどんな気持ちで、クリエイターである自分はどんな気持ちなのでしょうか。

　こうして、少しずつ理想の状態を絵や文字で表現していきましょう。スケッチを通じてビジョンが見えてきます。

Step 5

ニーズに応え、ビジョンを
叶えるアイデアを考える

［Planning Circle］

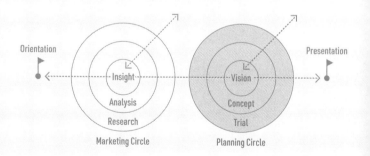

視覚化されたアイデアのエモーショナル・ベネフィットを考える［Trial → Concept］

　Step 5では、クライアントからの出題を振り返りつつ、マーケティング・サークルの結晶であるペルソナと共に、プランニング・サークルをアジャイルしていきます。ここでは、ビジョンを視覚化してプロジェクトチームのメンバーと共有する「**ビジョニング**」を行います。

　デザインアート思考では、ビジョンを視覚化することで、カスタマーの支持のみならず、クリエイターのモチベーションを維持します。しかし、クリエイターには「**なぜ**」から「**何を**」考える**ビジョン先行型**と、「**何を**」から「**なぜ**」考える**トライアル先行型**がいます。前者は経営陣に多く、後者は現場を受け持つ社員に多い傾向があります。今回のビジョニングでは、プロジェクトチームがクライアントから依頼を受けているのを想定していることから、トライアル先行型の進め方を説明します。

経営陣は企業の経営理念や方針を語る(ビジョンから始める)

販売員は商品やサービスのよさを語る(トライアルから始める)

それでは実際に、ビジョニングを始めましょう。トライアル、コンセプト、ビジョンと求心活動を行いながら、ビジョンにより明確な言葉を与え、かつ視覚化します。

まず、広めの壁や机、ホワイトボードをプロジェクトチームで囲み、複数色の付箋とペンを用意します。ここで、改めてクライアントの出題を、付箋を貼る盤面に書き出しておきましょう。また、プロジェクトチームのペルソナも印刷するなどして目立つところに貼っておきましょう。**ブレインストーミングを行う際に「出題」はアイデアが散らかりすぎた時の軌道修正に役立ち、「ペルソナ」はアイデアが尽きた時に案内役としてヒントを与えてくれます。**

トライアルを100案、渦巻状に貼る

1つ目の色の付箋には、トライアルを絵で描きます。トライアルは「試行」と意訳しているように、**「試してみたい」くらいの気持ちで気軽に描きましょう。**

具体的には、付箋に商品やサービスなどのアイデアのイメージを描いて、補足文を加えます。付箋はメモではなく、コミュニケーションツールとして使うので、ほかのメンバーが見やすいように、

必ず1枚に1アイデアのみをペンではっきりと描くようにしてください。これを初めに描き上げた人から時計回りに、パスはなしで、1人ずつ補足文を声に出して読みながら貼っていきましょう。

　初めは少々戸惑うかもしれませんが、ゲーム感覚で何周も回していけば、次第に要領がつかめて慣れてきます。貼る位置は、盤面の外縁にやはり時計回りに貼っていきます。ここでは、アイデアを拡散させ選択肢を増やすのを目的に、100枚貼るのに挑戦しましょう。ただし、これを円滑に進めるには、Step 2-2で触れた**「ブレインストーミングの基本マナー」**を守る必要があります。

外縁にトライアルを100案貼る

　2つ目の色の付箋には、1つ目の色の付箋に描かれたトライアルのファンクショナル・ベネフィット（機能的価値）を文字で書き出します。

　ファンクショナル・ベネフィットとは、対象となる商品やサービスが持っているファンクション（機能）を指します。商品ならば、例えば「時計」のファンクションは「時間を刻むこと」が挙

げられます。サービスならば、「マッサージ」のファンクションは「身体のこわばりをほぐす」といったところでしょうか。**単純に顧客がその商品やサービスにどんな価値を求めているのか**を書きます。

この2つ目のファンクショナル・ベネフィットの付箋は、1つ目のトライアルの付箋の内側に貼ります。こちらも時計回りで、読み上げながら貼っていきましょう。この読み上げは、スポーツの声がけと同じようなもので、**メンバーが現在どんなアイデアを出しているのかがわかるので、お互いに刺激してアイデアを出しやすくする効果があります。**

補足ですが、1つ目のトライアルの付箋を描いた人が2つ目のファンクショナル・ベネフィットの付箋を書く必要はありません。発案した人以外が機能性を検証するのもまた、発想力を刺激してよいでしょう。100枚すべてのトライアルに対し、ファンクショナル・ベネフィットを検証して書き出します。

トライアルの内側にファンクショナル・ベネフィットを貼る

続いて3つ目の色の付箋には、1つ目の色の付箋に描かれたトライアルのエモーショナル・ベネフィット（情緒的価値）を2つ目の色の付箋と同じく文字で書き出します。

エモーショナル・ベネフィットとは、対象となる商品やサービスに込められたメッセージやストーリーなど、カスタマーの感情に訴える情緒的な価値を指します。どのようなカスタマーでも同じファンクションを提供できるファンクショナル・ベネフィットと異なり、感情に訴えるだけにカスタマーの性質により同じメッセージでも受け止め方が変わってきます。

　例えば34歳、男性、独身、上昇志向の営業職の場合、平日の勤務時の「時計」のエモーショナル・ベネフィットは、「正確な時刻がわかる」、「スケジュールを管理できる」といった安心感にあります。一方、週末に通う「マッサージ」のエモーショナル・ベネフィットは、「休日をリラックスして過ごせる」ことから「趣味のゴルフに没頭できる」ことにあるかもしれません。

　このようにペルソナが対象となる商品を使ったり、サービスを利用した時に得られる心理的な価値を書き出します。

　この3つ目のエモーショナル・ベネフィットの付箋は、2つ目のファンクショナル・ベネフィットの付箋の内側に貼っていきますが、今回は自分が想像しやすい1つ目か2つ目の色の付箋を選び、その内側に貼ってください。エモーショナル・ベネフィットは、プロジェクトの方向性を決め得る大事な要素なので、半数の50枚くらい考察できれば上出来でしょう。ここで考察したエモーショナル・ベネフィットは、後にコンセプトを決める際に役に立ってきます。

カスタマーによって変わる時計のエモーショナル・ベネフィット

カスタマーによって変わるマッサージのエモーショナル・ベネフィット

アイデアのコア・バリューに応える
ビジョンを掲げる[Concept → Vision]

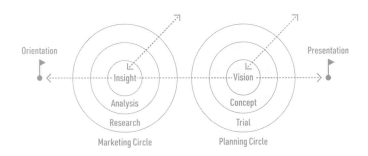

Step 5-1では、トライアルである商品やサービスのアイデアを絵で描いた1つ目の色の付箋と、そのファンクショナル・ベネフィットを文字で書いた2つ目の色の付箋、エモーショナル・ベネフィットを文字で書いた3つ目の色の付箋を、盤面に外側から時計回りに渦巻状に貼りました。

デザインアート思考の図式と同様、内側に進むにつれ、付箋の数も少なくなっていきます。これは、クリエイティブでは大切なコトほど選び抜かれた言葉で表現され、大切なコトを実現する具体的なモノは数多に創造され得ることを表しています。

それでは、ビジョニングの仕上げに入っていきます。ペルソナと離れ離れにならないように気をつけてください。

ペルソナとの対話で、求めているコア・バリューを見抜く

いよいよ最後の4つ目の色の付箋を使います。これまで使って

いない色を選んで、エモーショナル・ベネフィットが書かれた付箋や、必要であれば、ファンクショナル・ベネフィット、トライアルをたどりながら、コア・バリュー（本質的価値）を探し出していきます。

コア・バリューとは、端的に言えばペルソナがニーズを感じる「そもそもの原因を解決する価値」を指しています。 普段は何らかの障害に阻まれて抑え込まれている可能性がある価値です。このコア・バリューは、ペルソナのビジョン実現に直結する価値であり、コア・バリューをペルソナが獲得できない理由こそが、クライアントの出題の先にある、本当の課題となります。

例えば、55歳、女性、2児の母、事務職の場合、就職した長女が初任給でプレゼントしてくれた「時計」のコア・バリューは「立派に育ってくれた証」が転じて「家族との絆を感じるお守り」となるでしょう。ここから想定される課題は「共働きで夫婦共に忙しく、家族で過ごす時間が少ない」ことであったかもしれません。

一方、金曜日の勤務後の「マッサージ」のコア・バリューは「週末をのんびり過ごすための準備」が転じて「平日に仕事をがんばった自分へのご褒美」となるでしょう。ここから想定される課題は「夫婦で家事を分担しても、平日はなかなか休めない」ことかもしれません。そうであれば「マッサージ」はエモーショナル・ベネフィットを届けられても、コア・バリューを提供できていないので、この女性のために本質的な課題設定が必要だと言えます。

コアというだけに熟慮が必要で、ニーズにつながるさまざまな要因を検証して課題を見つけ出すには、慣れるまでは慎重な議論が求められます。ただ、もし考えあぐねた場合は、考えがまとまるまで、プロジェクトで最も優先したいエモーショナル・ベネフィットを仮に据えておくとよいでしょう。このように、ファン

クショナル・ベネフィット、エモーショナル・ベネフィット、コア・バリューとブレインストーミングが進むほど、ペルソナの詳細なプロフィールとスケッチが案内役として活きてきます。

この4つ目の色の付箋は次から次へと書けるものではないので、トライアルが100案なら、10分の1の10枚程度を目指して、エモーショナル・ベネフィットの内側に貼っていきましょう。

エモーショナル・ベネフィットが、そのままコア・バリューを表している場合もある

エモーショナル・ベネフィットからコア・バリューを洞察しなければならない場合もある

ペルソナにコア・バリューを提供し得るビジョンを掲げる

これで付箋を使う作業はすべて済みましたが、最後にプロジェクトチームとペルソナが共有できるようなビジョンを掲げる必要があります。

まず今までの経緯を、盤面を俯瞰して思い返しておきましょう。それから、プロジェクトチームのメンバーと、ペルソナの根本的なニーズとビジョン実現を阻む課題は何なのか、課題をクリアするにはどんなコア・バリューが必要なのかを議論します。

こうして選び抜かれた課題とコア・バリューを参考に、プロジェクトのビジョンを考え、盤面の中心に直接書き込みます。ビジョ

ンはクリエイター個人とプロジェクトチームがプロジェクトを通じて、どういう世の中を実現したいのかを表現する言葉です。ビジョンは賛同しやすい言葉がよいので、美辞麗句というよりは、日常的な言葉を組み合わせて表現しましょう。

例えば、前述のSDGsを例に挙げると、「2. 飢餓をなくそう」で有名なのは、革命家で政治家でもあるフィデル・カストロの「みんなで同じものを食べよう」という、キューバ革命の合言葉にもなったビジョンが考えられます。「5. ジェンダー平等を実現しよう」であれば、ファッションデザイナーのココ・シャネルのジャージー素材のドレスという「女性の解放」を衣類から実現した例も挙げられます。

このように、ビジョンはコンセプトやトライアルのクライテリアとなる大切なファクターです。ビジョンを掲げた瞬間から、プロジェクトのすべてのクライテリアがビジョンに置かれることになります。

コア・バリューの中心にビジョンを掲げる

ファンクショナル・ベネフィット（機能的価値）

対象となる商品やサービス自体が持つ機能や、カスタマーにとっての便利さといった価値。

エモーショナル・ベネフィット（情緒的価値）

対象となる商品の使用やサービスの利用を通じて、カスタマーの感情に訴える心理的な価値。

コア・バリュー（本質的価値）

カスタマーが対象となる商品やサービスにニーズを感じるそもそもの原因に由来する根本的な価値。

✎OUTPUT 樹形図を利用してビジョニングを整理する

　ここで盤面に貼られた付箋と、中心に描き込まれたビジョンを、**樹形図**を利用してデザインアート思考流に整理してみましょう。もともと樹形図は、自分の思考をキーワードやイメージで画面の任意の箇所に描き、そこから連想されるモノゴトを木に枝が生えるようにつなげていく図法です。デザインアート思考では、ビジョニングを整理するのに活用します。

　まず、1枚の紙、あるいは1つの画面の中心に、プロジェクトのビジョンを書き込み、そのそばに「ビジョンが実現された時のペルソナの容姿と表情」を描きましょう。

　続いてその外側に、ビジョンに直結するコア・バリューと、これを阻む課題を複数書き出し、それぞれの因果関係に沿って線でつなぎます。

　さらにその外側にコア・バリューと関係のあるエモーショナル・ベネフィットを書いて線でつなぎます。

　一番外側には、ビジョンをクライテリアに100枚の中から選抜したいくつかのトライアルを描いて、補足としてファンクショナル・ベネフィットを添えるように書き、関係のあるエモーショナル・ベネフィットと線でつなぎます。

　こうして、樹形図を活用してビジョニングの工程を再度思い返すだけでなく、改めて思考を整理し、そのプロセスを視覚化しておきます。この樹形図があれば、すべてのトライアルやコンセプトがビジョンをクライテリアとしていることや、ビジョンが掲げられた経緯が一目瞭然となります。

「ファッションで女性解放」の樹形図

新規性、差別化のポイントを検証してコンセプトを定める

[Planning Circle]

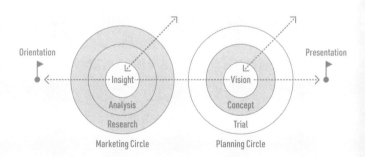

プロジェクトの開発方針としての
コンセプトを定める［Concept］

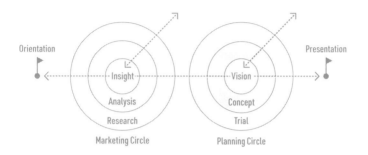

　Step 6では、クリエイターとそのプロジェクトチームのビジョンを、実際にどういうコンセプトで具体的なアクションにつなげていくのか、プロジェクトの関係者と共有するプロジェクト開発の方針を考察していきます。

ビジョンをクライテリアに樹形図から選択していく

　デザインアート思考においてコンセプトを定める方法はいくつかありますが、その中でも最も簡単なのが、Step 5-2でビジョニングをまとめた樹形図を参考にしたものでしょう。樹形図には「トライアル、ファンクショナル・ベネフィット、エモーショナル・ベネフィット、課題、コア・バリュー、ビジョン」のパターンがいくつか書き込まれています。まず、メンバーそれぞれで自分の樹形図から、ペルソナの潜在的なニーズに応えられていると思うパターンがないかを検証し、優先順位をつけていきます。

　次にメンバー全員で、自分の樹形図から優先度の高いパターンを紹介し合い、どのパターンが最も有効なのか、クライアントの出題を参考に意見交換を行い、チーム全体で**優先度順に3位程度**まで絞っていきます。こうして選ばれたパターンから、エモーショナル・ベネフィット、課題、コア・バリューを参考に「**コア・バリューを得るためにどういう心理状態で課題に挑むのか**」を表す短文を、断片的にでもよいのでいくつか書いてみます。

　例えば、前述の34歳、男性、独身、上昇志向の営業職のペルソナの例をおさらいすると、商品のトライアルが「平日の勤務時に身につける時計」で、そのエモーショナル・ベネフィットは「正確な時刻がわかる」、「スケジュールを管理できる」といった安心感でした。そして、サービスのトライアルが「週末に通うマッサージ」で、エモーショナル・ベネフィットは「休日をリラックスして過ごせる」ことから「趣味のゴルフに没頭できる」ことになります。

　この2パターンから、潜在的なニーズの先にあるコア・バリューは「心身共に健康な状態で時間にメリハリをつけて仕事ができる自分」で、その実現を阻む課題としては「時間通りに動かないモノゴトの存在」が挙げられるかもしれません。

　ならば、プロジェクトチームのビジョンはSDGsに当てはめると、「公正な働き方と、働きがいを持てるビジネスの創出」であり、コンセプトは、エモーショナル・ベネフィットから連想すると、「オンオフの切り替えをテンポよく行う」ことかもしれません。

　このようにコンセプトが定まれば、ペルソナに対するトライアルのアイデアも自然と「オンオフの切り替えをテンポよく行う」方向で展開されるようになります。商品の場合は、時刻を強調して提示するよりも定期的に休憩のタイミングを報せるようなモノ

がデザインされるでしょう。サービスの場合は、マッサージ店というより、住宅街にある喫茶店のようなイメージで、施術後に温かい飲み物が提供されるような体験がデザインされるでしょう。

　このように、デザインアート思考におけるコンセプトのプロセスでは、ビジョン実現に貢献するトライアルの開発方針を定めていきます。

課題、ビジョン、コンセプト、トライアルを1枚にまとめる

Step 6-2

ポジショニング戦略でコンセプトを練る

［Research → Analysis → Concept］

Step 6-2では、マーケティング戦略家のアル・ライズとジャック・トラウトが提唱しているフレームワーク「**ポジショニング戦略**」を取り上げます。デザインアート思考では、ビジネスパーソンに日常的に親しまれているこのフレームワークを、前述の3C分析同様、より直感的に使いこなせる「ムードボード・マーケティング」で取り組んでいきます。

ポジショニング戦略とは？

あらゆるテクノロジーが日進月歩する中、例えば、今日「新発売」した商品が、明日にはライバルによってコモディティー（代替可能なもの）化するといった例はよくあります。このように、競合が溢れ、マーケットが開拓し尽くされている現代では、クライアントもレッドオーシャンに船出せざるを得ない状況が多くなります。となると、常にクライアントのマーケット内でのポジショ

ン取りや、カスタマーの変化を観察し続け、競合より少しでも早く新しい価値や差別化のポイントを見つけて、ブルーオーシャンに舵をきらなければなりません。

ポジショニング戦略では、マーケットにおけるクライアントのポジションに則って、**同じマーケットに存在する競合との関わり方を戦略的に変えていきます**。クライアントが独自の地位を築くことで、「この商品ならこの企業」と認識されるようにカスタマーへの存在感を高め、最終的にはマーケット・シェアの上位を目指します。

このフレームワークでは、デザインアート思考のマーケティング・サークルにおけるリサーチ、アナリシスから、プランニング・サークルのコンセプトのプロセスまでを検証し、考察することができます。

ただし、今回はマーケット・シェアではなく、**クライアントの商品やサービスがカスタマー候補の心の中でどのくらいの存在感を持つかというマインド・シェアの上位4位を探ります**。再びムードボードを制作することで、マインド・シェアを検証していきます。

------------------------------ 🔍 KEYWORDS ------------------------------

マーケット・シェア（Market share）
特定のマーケットで特定の商品やサービスが占めている割合。

マインド・シェア（Mind share）
カスタマーの心を占める特定の商品やサービスの存在感の割合。

OUTPUT マインド・シェアを表すムードボードを作る

　まずはムードボードを制作するための準備を行います。デスクトップリサーチで、クライアントの主力商品やサービス、あるいはクライアントの出題に関連しそうな商品やサービスを調べます。さらには、それぞれの競合と、その商品やサービスも調べます。

　そしてフィールドワークにより、プロジェクトチームで設定したペルソナに近いカスタマー像の人々にインタビューを行い、クライアントの商品やサービスに関するマインド・シェアを探ります。経営学者のフィリップ・コトラーの提唱する**競争戦略における競争地位の4類型**を参考に、インタビュイー1人につき4社以上を目安にマインド・シェアの高い企業を聞き出してみましょう。

マーケット・シェアはデータを
調べればわかる

マインド・シェアは聞いてみない
とわからない

競争戦略の競争地位4類型とは？

マーケット・リーダー（Market leader）

マーケットで最大の占有率を持ち、さらなるマーケット拡大を目指す企業。

マーケット・チャレンジャー（Market challenger）

マーケットで第2の占有率を持ち、差別化でトップの座を狙う企業。

マーケット・フォロワー（Market follower）

革新を避け、上位企業に追随することでコストを抑える企業。

マーケット・ニッチャー（Market nicher）

カスタマーのニッチなニーズに応えることで、独自の地位を築く企業。

4類型のブランドイメージを視覚化する

　プロジェクトチームで協力してマインド・シェアに関するインタビューを行い、その結果を持ち寄ったらムードボードを作成します。まずは、競争地位の4類型であるマーケット・リーダー、チャレンジャー、フォロワー、ニッチャーがどこの企業にあたるか、意見交換をしながら決めていきましょう。

　カスタマー目線のインタビュー結果を参考にすると、業界の異なる企業が競合候補に挙がることが多々ありますが、それは隠れた競合を発見することができたということなので、外さずに検討してください。なおこの段階では、クライアントが入っていなくても構いません。

　続いて前回と同様、インターネットで画像検索ができる環境を整え、企業別にフォルダを作成します。1社につき100枚程度の画像を集めましょう。**各企業の商品やサービス、プロモーション、カスタマーから聞いた対象企業のイメージ、プロジェクトチームのメンバーが思う対象企業のイメージ、対象企業を好みそうなカスタマーのイメージ**を表す画像を探していきます。カスタマーの

イメージは、衣食住といったライフスタイルや、交際履歴を想像しながら検索すると集めやすいでしょう。

　それぞれの画像が集まったら、パワーポイントなどを利用して、1社1枚、合計4枚のスライドにそれぞれ30枚を目安に、強調したい画像は大きく、そうでないものは小さくなどの工夫を加えながらレイアウトしていきましょう。また、クライアントが4類型のいずれにも該当しない場合は、5枚目のスライドを作成して、同様の作業を行います。

競合を参考に、クライアントのコンセプトを練る

　こうして制作された4枚ないし5枚のムードボードを、可能なら印刷して机の上に並べるか画面共有をして、プロジェクトチーム全員で見比べてみてください。ムードボードはブランドなどの数値化しづらいイメージ戦略を検証するのに便利です。

　競合のブランドイメージから競合がどういうコンセプトでマインド・シェアを獲得してきたのかを推測してみましょう。改めてクライアントと見比べてみます。**クライアントが独自に強調すべきポイントや、新しく挑むべきポイント、差別化をより追求すべきポイントがどこなのか**を、意見交換しながら検証していきましょう。**そのポイントを文章化したものがマーケティング戦略であり、デザインアート思考で言うところのコンセプトになる**のです。

　さらにここで、コンセプト通りに変化を遂げた場合のクライアントのブランドイメージもムードボードで示してみましょう。これを作成しておくと、新旧（Before、After）の変化がひと目でわかる資料ができます。これにより、プロジェクトの関係者とのコンセンサスが取りやすくなるばかりか、クライアントへのプレゼンテーションにも用いることができます。また、このムードボー

ドは後々デザインコンセプトを練る時にも役に立ちます。

喫茶店のマーケット・リーダー。マーケットの拡大を目指してメニューだけでなく販売員の教育にも力を入れる

喫茶店のマーケット・チャレンジャー。リーダーを意識して、メニューの差別化や、新商品の開発に力を入れる

喫茶店のマーケット・フォロワー。リーダーを手本に、経営資源に合わせて、その店らしい価値を追求する

喫茶店のマーケット・ニッチャー。リーダーが興味を持たないような市場を見つけ、独自の価値を創造する

Step 6-3

SWOT分析でコンセプトを
検証する[Research → Analysis → Concept]

Step 6-3では、スタンフォード研究所（SRI）の研究者であった
アルバート・ハンフリーらが提唱した「**SWOT分析**」を取り上げ
ます。世界中で分析ツールとして親しまれているマーケティング
のこのフレームワークを、デザインアート思考流に使いこなして
みましょう。

SWOT分析とは？

世界中に溢れる数多のマーケットの中で、クライアントはどの
マーケットに参入するべきなのか。クライアントの企業の内部環
境、クライアントを取り巻く状況である外部環境を**強み
(Strength)、弱み (Weakness)、機会 (Opportunity)、脅威
(Threat)** の4つの観点からマトリックス図を使用して分析してい
きます。そこから新規事業参入の優先順位を決め、ビジネスチャ
ンスの獲得につながる「新しい戦略」の策定を目指します。

そしてこのフレームワークも、デザインアート思考のマーケティング・サークルにおける、リサーチ、アナリシスを通って、プランニング・サークルのコンセプトのプロセスに至るため、コンセプトを定めるヒントとなります。

SWOT分析の基本構造

	プラス要因	マイナス要因
内部環境要因	S = Strength（強み） 内部環境要因でクライアントの強みとなるもの。	W = Weakness（弱み） 内部環境要因でクライアントの弱みとなるもの。
外部環境要因	O = Opportunity（機会） 外部環境要因でビジネスチャンスの獲得につながるもの。	T = Threat（脅威） 外部環境要因でビジネスチャンスの損失の脅威になるもの。

強みと弱みは、企業の内部環境要因なので、クライアントの努力次第で変えることができます。例として、クライアントの商品やサービスの質、技術力、流通網、営業拠点や人員の数、マインド・シェアやブランドイメージなどが挙げられます。

一方、**機会と脅威は、企業を取り巻く外部環境要因なので、クライアントの努力では変えられません**。マクロ要因の例として、政治や経済の変化、法律改正、技術革新、自然環境の破壊、感染症の流行、多様な文化への対応、ミクロ要因として、マーケットとカスタマーの変化、競合の増加、クライアントにとって優良なサプライヤーの存在の有無などが挙げられます。

内部環境要因（S、W）の検討ポイント

- 商品やサービスの質

- 技術力

- 流通網

- 営業拠点などの立地

- 人員の質量を含む経営資源

- 価格

- マインド・シェア

- ブランド力　　　など

外部環境要因（O、T）の検討ポイント

- 政治、経済の状況

- 法律

- 技術革新

- 自然環境の変化

- 感染症の流行

- 文化の多様化

- 市場規模の変化

- 顧客層の変化

- 競合

- サプライヤー　　　など

クライアントの現状を多角的に検証する

　SWOT分析は、クライアントの現状を企業の内外から分析するため、内部環境要因はクライアントの協力の範囲で調べ上げることができるでしょうが、外部環境要因はリサーチ範囲が広く、ク

リエイターごとに結果が変わってきます。日常から経済だけでなく、社会や環境にも興味を持ち、メンバーそれぞれの視点での見解も共有する習慣をつけましょう。メンバーそれぞれの多様性が活きるようなチームビルディングができていれば、リサーチ範囲もそれだけ広くなります。

まず、壁や机に模造紙大の紙を貼るか、ホワイトボードを盤面にして、前出の表のように**線を引いて4象限のマトリックス図**を作ります。紙やホワイトボードがないなら、画鋲と紐、マスキングテープなどで代用してもよいでしょう。

次に4色の付箋とペンを用意し、1象限ごとに異なる色を使って、メンバー全員で絵と文字の両方を使いながら調査結果を思い思いに描いて貼っていきます。この時に注意したいのが、1枚の付箋には1つの調査結果のみをペンで見やすく描くということです。

こうしてすべての象限に付箋が貼られたら、調査が十分な象限と不十分な象限がないかを確認し、調査不足の象限の調査結果を増やすなどして全体のバランスを整えていきましょう。

こうして貼り出された付箋をメンバー全員で眺め、それぞれの付箋の位置が適切かどうか、改めてメンバー全員で意見交換をしてください。貼り出した位置が適切でないと判断された付箋は、どの象限から何の付箋が移動したのかをわかりやすくするために、色を変えずにそのまま適切な位置に貼り直しましょう。こうして、チーム全体でクライアントと、クライアントを取り巻く状況への理解を深めていきます。

SWOT分析には多角的な視点が必要になる

クロスSWOT分析で取るべき戦略を考える

クライアントと、クライアントを取り巻く状況、内部環境要因と外部環境要因についてチーム全体の理解が深まったところで、この現状をどう変えていくのかを考えていきます。**クロスSWOT分析**を行い、クライアントの戦略、つまりデザインアート思考で言うところのコンセプトを検討します。

クロスSWOT分析では、プラス要因とマイナス要因、内部環境要因と外部環境要因の4つの象限をそれぞれかけ合わせながら、クライアントがどういう戦略を取るべきか、メンバー全員で意見交換しながら進めていきます。

4つの象限のかけ合わせ

S×O 「強み」を活かして「機会」を捉える

内部環境要因であるクライアントとその商品やサービスの強みが、外部環境要因の複数の機会と合致するのであれば、それは最大のチャンスです。強みを磨いて機会を余さず活かす戦略を考えます。

S×T 「強み」を活かして「脅威」に対抗する

外部環境要因でいかなる脅威が迫ってきているとしても、内部環境要因の優れている部分があれば、脅威を冷静に分析して必要な強化を行い、ピンチを乗り越える戦略を考えます。

W×O 「弱み」を克服して「機会」をつかむ

外部環境要因で、クライアントの状況が好転する可能性のある機会が訪れているのであれば、弱みである内部環境要因を強化して、機会を逃す可能性を減らし、チャンスをつかみ取る戦略を考えます。

W × T 「弱み」を克服して「脅威」を逆転させる

内部環境要因が競合と比較して弱い上に、外部環境要因でクライアントにとって明らかな脅威が迫っているのであれば、事前に打てるだけの手は打ち、最悪の事態を避けるための戦略を考えます。

✒ OUTPUT クロスSWOT分析のスケッチを作る

クロスSWOT分析での意見交換を通じて、いよいよクライアントの戦略、デザインアート思考でのコンセプトを定めていきます。SWOT分析は、現状を明らかにしていくフレームワークです。一方、クロスSWOT分析は、**現状に対する理想のゴールイメージを考察し、クライアント自身やその商品やサービスをどう変えていくのかを明示**するものです。

ただし、SWOT分析では、デザインアート思考のマーケティング・サークルで導き出した、潜在的なニーズを持つペルソナが置いてけぼりになりがちです。特にクライアントの新しい戦略については、クライアントの出題とプロジェクトチームのペルソナを振り返りつつ、決めていきましょう。

ここでは、プロジェクトチームで**スクリプター（記録係）**を担当するメンバーを決め、決定事項を1枚の紙か1つの画面にイメージを連想しながらまとめてもらいます。メンバーに余裕があるのであれば、ホワイトボードなどを使って、意見交換の経緯を書き出すメンバーがいてもよいでしょう。それでは、次の表に則って仕上げをしましょう。

①S×O	③W×O
②S×T	④W×T
⑤新しい戦略	

　S×O、S×T、W×O、W×Tについては、すでに意見交換を
しているので、すぐに書き出せると思います。4象限から導き出
した「**新しい戦略**」に関しては、S×O、S×T、W×O、W×T
の言葉とそのイメージを優先順にかけ合わせてもよいですし、
SWOT分析で貼り出した付箋からヒントを拾い上げて、クロス
SWOT分析を参考に文章化してイメージを添えてもよいでしょう。
デザインアート思考のコンセプトにもあたる重要なファクターに
なるので、チーム全体のコンセンサス
をきちんと取っておくと後々プロジェ
クトを円滑に進められます。

　メンバー全員で考えて行き詰まって
しまった場合は、まず個人単位で先ほ
どの表を完成させ、これを検討材料に
チーム全体で意見交換をするのもよい
と思います。

　クロスSWOT分析の新しい戦略は、

プロジェクトの関係者への共
有を意識してなるべく短文にま
とめる

メンバー全員の思いが詰まって長文になりがちですが、プロジェクトの関係者とコンセプトを共有するのを想定して、プロジェクトチームにとって優先すべきキーワードを決め、短文にまとめるようにしましょう。ここまでの資料は、後にデザインアート思考におけるコンセプトを考える際の参考になります。

プロジェクトのデザイン
コンセプトを定める

[Planning Circle]

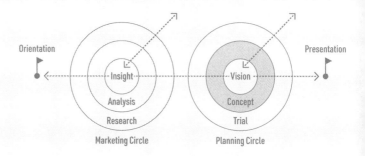

モノゴトを通じて発信される
カルチャーを定める［Concept］

Step 4ではインサイトで導き出した「潜在的なニーズを持った カスタマー」をペルソナとして顕在化させました。Step 5ではペ ルソナを理想のライフスタイルに近づけるために、プロジェクト チームはどんな世界を実現するべきなのかというビジョンを掲げ ました。Step 6ではビジョンをクライテリアに、クライアントの 競合優位性やプロジェクトの差別化のポイントなどを検証し、新 規性のあるプロジェクトを開発するためのコンセプトを定めてき ました。

Step 6が言わばプロジェクトの「**開発の方針**」なのに対して、 Step 7では「**視覚化の方針**」、言い換えれば「**デザインコンセプ ト**」を考察し、プロジェクトの関係者と共有できるように、ひと 目でわかる形で定めていきます。

振り返れば、ここまでに実に多くの時間を費やして、見えてい なかったカスタマーを顕在化させたり、その潜在的なニーズを探

してきました。そこには商品やサービスのファンクショナル・ベネフィットや、形で表現できないエモーショナル・ベネフィットがあり、コア・バリューを考え、この価値の獲得を阻む課題を見極める必要がありました。さらには、プロジェクトチームが実現したい世界観をビジョンとして掲げて、プロジェクト開発の方向性を検証してコンセプトを定めるなど、散々「目に見えないモノゴト」の視覚化に努めてきました。

デザインやアートが「多くのインプット（入力）を経て、ようやく1つのクリエイティブがアウトプット（出力）される」と言われる所以はここにあります。そして、ここからはいよいよ「いかに見せていくか」のフェーズに入っていきます。

ムードボードの本来の目的はカルチャーセッティング

これまで何度も登場しているムードボードは前述の通り、主にデザイナーやアーティストといったクリエイターが、クライアントとプロジェクトのデザインコンセプトを共有するために用いています。そこには、これから「どんなカルチャー（文化）を創造していくのか」というブランディングの方針も含まれています。

デザインアート思考では、ブランディングという本来の目的で使用するプランニング用のムードボードを、マーケティング用のムードボードと分け、**「カルチャーセッティング」のムードボード**と呼んでいます。

そもそも、なぜカルチャーが重要なのでしょうか。それは、すべてのカスタマーは何らかのカルチャーを背景にしたライフスタイルを営んでいるからだと言えます。多くの場合、カルチャーは衣服や食事や住居など、何らかの視覚的な表現として表れます。当然のことながらカスタマーが自分のカルチャーに違和感のある

モノゴトをライフスタイルの一部として導入するのは難しく、こうした**カルチャーに配慮のない商品やサービスは、無意識のうちに敬遠されてしまいます**。カスタマーは発信されたカルチャーを見て、自分に合うかどうかを判断し、同時に購入するかどうかをも判断します。

　近年ではインターネットの恩恵によって、セグメント別ではなくカスタマー単位の消費行動を分析できるようになりましたが、同時にカスタマーそれぞれが持つカルチャーも判別できるようになりました。また、インターネットは個人単位での情報収集に加え、情報発信をも可能にしたため、もはやカルチャーは民族や国を超えたものになっています。こうした社会的変化も追い風になり、デザイナーやアーティストが持つ「カルチャーセッティング」の能力はますます注目されてきています。

民族をベースとしたカルチャー
セッティング

個人をベースにしたカルチャー
セッティング

Step 7-2

カルチャーに名前をつけ、
デザインコンセプトを定める［Concept］

ここでは、今回のプロジェクトで創造する商品やサービスが、その存在感でカスタマーのマインド・シェアの上位をとれるよう、適切なデザインコンセプトを定め、クライアントのブランディング強化につなげていきます。そのために、プランニング・サークルにおける「カルチャーセッティング」を目的としたムードボードを制作します。

OUTPUT カルチャーをムードボードで表現する

まず、プロジェクトチームのメンバー全員で意見交換をしながら進められるように、壁や机、ホワイトボードといった盤面に、クライアントからの出題、プロジェクトチームのペルソナを貼り、ビジョンやコンセプトがわかる資料も同じように貼るか、画面共有しておきます。

次に、パワーポイントやイラストレーターがインストールされているPCを準備し、画像を検索できる環境を整えます。この際、同じスペースにモニターやプロジェクターがあれば、ムードボードの制作過程をメンバー全員が見やすいように映し出しておくとよいでしょう。なお、画像収集はメンバー全員で行うのが理想ですが、ムードボード制作はメンバーの1人がスクリプターとして担当し、1つの画面上で行いましょう。

キーワードが連想できるキービジュアルを集める

　準備が整ったら、PC上にカルチャーセッティング用のフォルダを作成し、実際に画像を集めていきます。ここでキーワードとなるのは、クライアントの出題やブランドイメージ、プロジェクトチームのペルソナやその消費傾向、ビジョニングの樹形図に記載されているビジョン、コア・バリュー、エモーショナル・ベネフィット、ファンクショナル・ベネフィットなどです。さらに、STPマーケティングや3C分析、ポジショニング戦略やSWOT分析で検証したコンセプトなどに記載されている、今回のプロジェクトにおいて重要な役割を果たしている言葉がキーワードとなります。ここから連想されるキービジュアルに近い画像をインターネットで検索していきます。

　検索ワードは、キーワードか、キーワードに補足情報を加えたもの、キーワードを連想させる言葉などがよいでしょう。またキービジュアルは、ペルソナやその交際履歴を参考にした人物や、ライフスタイルを連想できる場所、プロジェクトでこれから創造する商品やサービスに使う道具の形態や素材感のわかる写真を集めるとよいでしょう。

　記号やイラストなど作者の意思が加えられている画像は、読み

解き方が人それぞれで混乱を招くため、強い理由がない限りは避けましょう。こうして画像データを、100枚を目安に集めていきます。

キーカラーの組み合わせを考えながらレイアウトを行う

　続いて、今回のプロジェクトで創造する商品やサービスの「**キーカラー**」とその組み合わせを決めていきます。マインド・シェアを考える時、キービジュアルの形態、素材に加え、重きを置かれるのが色彩です。赤いボトルの飲み物といえばあれ、白、赤、緑の組み合わせのコンビニエンスストアならここと、キーカラーはカスタマーの意識に強い印象を与えます。100枚を目安に集めたキービジュアルを見まわしながら、商品やサービスを特徴づけるキーカラーは何かを意識しながら、画像を選びます。そして、1枚のボードに30枚を目安に、なるべく空白ができないようにレイアウトしていきましょう。

　キーカラーが含まれている画像をレイアウトする際、特に主張したい色は「**メインカラー**」として最も多くの面積をとってレイアウトし、メインカラーに組み合わせたい色は「**サブカラー**」として、メインカラーより少なめの面積でレイアウトしましょう。また、全体を引き締めるために差し色を入れたい場合は「**アクセントカラー**」として面積は少なくとも目立つ位置に、プロジェクトチームで選んだ色をレイアウトしていきましょう。

　こうしてレイアウトが済んだら、主張したい画像の大小サイズを整え、画面の端にカラーチャート（色見本）を改めて配置しておきます。

カルチャーに名前をつける

こうしてプロジェクトを構成するキーワードから連想されるキービジュアルを形態や素材を意識して集め、キーカラーを考えながら人物や場所、道具の写真をレイアウトしたら、最後にデザインコンセプトを言語化します。

現時点でのムードボードを印刷するか、モニターやプロジェクターで映し出します。今回のプロジェクトで創造する商品やサービスが、カスタマーに対してどんなカルチャーを発信していくのか、仮称でもよいので**カルチャーの名称をメンバー全員で意見交換しながら決めていきましょう。**

そして名称が決まったら、そのままデザインコンセプトとしてムードボードのタイトルとわかる位置に書き込みましょう。

このように、ムードボードを通じて、プロジェクトの開発の方針としてのコンセプトを再確認し、視覚化の方針としてのデザインコンセプトをメンバーとコンセンサスを取りながら決めていきます。この作業を通じて**メンバー全員が、プロジェクトのコンセプトを自分の言葉で説明できるようになるばかりか、どのように視覚化するかまで話せるようになります。**

ここで制作したムードボードは、そのままクライアントへブランディングの方針を伝えるのにも使えるし、デザイナーへデザインコンセプトを伝えるのにも使えます。次のステップでは、このムードボードを参考に商品やサービスのマーケティング戦術を決めていきます。

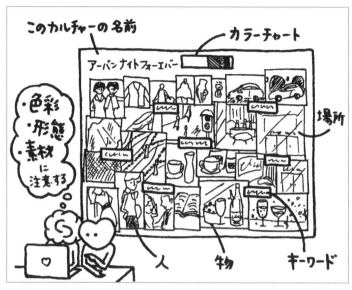

カルチャーセッティングのムードボード

社会や環境を意識しながら
トライアルを選抜する

［Planning Circle］

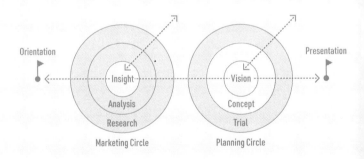

アイデアをブリコラージュして
有効性を検証する［Trial］

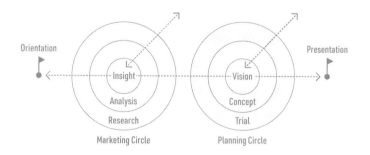

Orientation

Presentation

Insight

Vision

Analysis

Concept

Research

Trial

Marketing Circle

Planning Circle

　これまでにプランニング・サークルでは、まずクリエイターや
プロジェクトチームが、カスタマーと実現したい世界をビジョン
として掲げてきました。そして、このビジョンをクライテリアに
プロジェクトのコンセプト（開発の方針）、およびデザインコンセ
プト（視覚化の方針）を定めてきました。

　Step 8では、プランニング・サークルの中心に位置するビジョ
ンから遠心活動的にコンセプトを経て、最も外縁に位置するトラ
イアルのプロセスに入っていきます。デザインアート思考におけ
るトライアルとは「商品やサービスの具体的なアイデア」を指し
ますが、商品だけでなくサービスが入っている通り、モノ消費と
コト消費の双方を含んでいます。

　トライアルのプロセスの目的は、意訳の通り、プロジェクトチー
ムがこれから創造しようとしている商品やサービスを「試行」す
ることにあります。ここではコンセプトに沿っているか、ビジョ

ンの実現に貢献しているかをプランニング・サークルのフローを
アジャイルすることで検証しましょう。そして、最終的にどのト
ライアルを商品やサービスとして創造するのかを決めていきます。

プロトタイピングで作り込まない

　トライアルのプロセスでは、たとえ素晴らしいアイデアでもビ
ジョンに合わなければ、フットワークを軽く最適なアイデアと入
れ替える姿勢が大切になります。

　このトライアルの検証過程では、プロジェクトチームの意見交
換を活性化させ、コンセンサスを円滑に図るために商品のプロト
タイピング（試作）が行われることもあります。しかしこの「プ
ロトタイピング」をその場で作らず、持ち帰って時間をかけて作
り込んでしまう人が多いので、デザインアート思考では、**有り合
わせの材料を使って短時間で作る「ブリコラージュ（器用仕事）」**
を推奨しています。

　また、モノとして商品ではなく、コトとしてのサービスの場合
は、サービスに使用する道具をブリコラージュしたあとに、利用
体験を振り返っての試行錯誤が必要となります。こうした意味で
もプランニング・サークルの外縁に位置するプロセスは、モノゴ
トを試してみるという意味でトライアルと呼んでいます。

ペルソナの反応をシミュレーションする

　それでは、実際にトライアルを選抜していきましょう。まず、
トライアルはプランニング・サークルの外縁に位置しているよう
に、最も多くのアイデアが必要なプロセスです。1つのアイデア
に固執すると、手段であるアイデアが無意識のうちに目的に変わ
り、プロジェクトメンバーも巻き込んでほかのビジネスチャンス

を検証する目を曇らせてしまいます。すでに本命のアイデアがあるとしても、マーケットに出れば常に競合が存在することを肝に銘じておきましょう。そして、メンバー全員で複数のアイデアを持ち寄り、多角的な視点で複数のビジネスチャンス創出の具体案を検討する習慣をつけましょう。

　メンバーでトライアルのアイデアを持ち寄る際に、**ビジョニングを行った時の写真などの記録**が残っていれば、これを印刷して配布し、**ビジョニングの樹形図**もコピーして配布しておきましょう。また、**デザインコンセプトが示されたムードボード**も印刷して配布しておくとなおよいでしょう。

　こうしてトライアルに関連するビジュアルを共有した上で、メンバーそれぞれが改めて一押しのビジョン、コンセプト、トライアルの組み合わせを互いにプレゼンテーションします。これを聞く側のメンバーは、それぞれ**ペルソナになったつもりで反応を推測し、チームで共有**してみましょう。このように視覚化された資料がないと長く不毛な展開になる会議も、絵を描くことで、具体的な意見交換ができるビジュアル・コミュニケーションの場に変わります。

テキストベースの資料で議論する会議

ビジュアルベースの資料での意見交換

トライアルの持つベネフィットを実際に体験する

こうして意見交換がある程度落ち着いたら、クライアントの出題とプロジェクトチームのビジョンをクライテリアに、トライアルに仮の優先順位をつけてみましょう。その後、優先順位の高いトライアルを参考に、オフィスにあるさまざまな小道具や消耗品、あるいはゴミなども持ち寄り、会議室でトライアルのブリコラージュを試みましょう。

ブリコラージュの過程で、コミュニケーションが活性化するばかりか、**アイデアにひと工夫加えないと形にならないことがわかったり、当初は想定していなかった機能性があることに気づいたりできます**。また、メンバーの意見を反映してその場で改良を加えていってもよいでしょう。この作業を通じて、トライアルをさらに多角的に検証することができます。

続いて、ブリコラージュが済んだら、机の上に並べて、創作したメンバーにファンクショナル・ベネフィットを紹介してもらいます。メンバー全員でペルソナやその交際履歴にある人物になりきって、**本当に役に立つのか、本当に欲しいと思うか、誰かに教えてあげたいと思うか**などを検証してみましょう。

試すことで、狙い通りのファンクショナル・ベネフィットがあることを実証でき、メンバーそれぞれの新しいエモーショナル・ベネフィットに気づくことができるでしょう。

売り手の慣習より、買い手の都合

こうしてひと通りの検証が済んだら、ムードボードを見て、最終的なデザインを想像しながら、最終案を優先度が高い3つ程度に絞っていきます。上位3位がそれぞれ価値の異なるトライアル

でもよいですし、似た価値を持つトライアルでも、その後の展開で差別化が図れるものであれば問題ありません。

この際に気になってくるのが制約や条件ですが、ここでは一旦無視しましょう。よくデザインは「制約」との戦いだと言われるばかりか、制約を外して「自由」を得るとデザインが生まれないとさえ言われます。しかし、これはビジョンというクライテリアがないまま、あるいはビジョンを掲げる習慣がないまま、野放図に取りかかるから起こる現象です。

デザインアート思考は、ニーズに立脚しますが、クリエイターのウォンツを重視する思考法です。言い換えれば、理想を実現するためにどう現実の課題をクリアしていくかを考える思考法でもあります。もちろん、**デザイナーを悩ます制約や条件にも必須のものもありますが、よく見ると売り手である企業の慣習でしかないものも多々あります。**

例えば、電化製品業界では競合との差別化から、商品に多くの機能を搭載することが優先された時代もありました。しかし、高齢化が進むと、機能の多さにカスタマーが混乱するようになり、必要最低限の機能で使いやすい電化製品をデザインするようになりました。

さらに、カスタマーオリエンテッドやソーシャルオリエンテッドなど、買い手であるカスタマーの意思や、環境や社会を配慮することがマーケットの主流となっている現代では、SDGsに代表される環境を考慮する制約や条件こそが、企業の慣習よりも優先されます。クライアントの制約や条件を振り返る時は、こうした世界や地球への制約や条件についても頭に入れておきましょう。

売り手本位で経済を成長させ
た第2千年紀(西暦1000年以
降)

環境や社会を考える第3千年紀
(西暦2000年以降)

4P、4Cでマーケティング
戦術を練る［Research → Analysis → Trial］

Step 8-2では、マーケティング学者エドモンド・ジェローム・マッカーシーが提唱している「**4Pモデル**」と、広告学者のロバート・F・ローターボーンが提唱している「**4Cモデル**」の2つのフレームワークをミックスしながら、トライアルのマーケティング戦術を練っていきます。

デザインアート思考に置き換えるのであれば、**コンセプトを詳しく語ったのがStep 6のマーケティング戦略**なのに対し、**トライアルを詳しく語ったのがマーケティング戦術**になります。

マーケティング戦術として具体的には、商品やサービスのローンチを前に、そのサイズや容量などの販売単位、価格、店舗か通販かといった販売形態、流通、プロモーションなど、諸々の要素を決めていきます。

このマーケティング戦術を最も簡潔にまとめたフレームワークを、デザインアート思考流に使いこなしてみましょう。

売り手視点の4P

マーケティング戦術では、マーケティング戦略を具体的に計画し実行に移すために、さまざまなマーケティングのフレームワークを組み合わせて、カスタマーに有効に働きかける施策を考えていきます。このように複数の施策を組み合わせることを「**マーケティング・ミックス**」と呼びます。

その中でも4Pは、数多あるマーケティング戦術の要素を、**プロダクト（製品）、プレイス（流通）、プライス（価格）、プロモーション（広告宣伝）**の4つに分類することで、具体的な施策を考えやすくしたことで知られています。しかし、カスタマーオリエンテッドの時代を経て、4Pで検討される要素が買い手より売り手の視点に立っていることから、「**売り手の4Pモデル**」と呼ばれるようになりました。

マーケティング戦術の具体的な施策を売り手の4Pモデルのみで考えると、知らぬ間に「プロダクトアウト」に陥る可能性もあるので、後述の買い手の4Cモデルも併せて考えていきます。

4Pとは？
プロダクト（Product）
製品。ファンクショナル・ベネフィット、デザイン、アフターサービス、ブランディングなど。

プレイス（Place）
流通。販売経路の種類や範囲、店舗形態、立地、在庫、輸送手段など。

プライス(Price)

価格。サイズや容量、販売単位による提供価格、値引き、支払い方法など。

プロモーション(Promotion)

広告宣伝、販売促進、インターネット広告、パブリシティー、営業など。

買い手視点の4C

すでに述べてきた通り、カスタマーオリエンテッドの時代を経て、カスタマーサイドに立ってマーケティング戦術を考える必要性が生まれてきました。こうして、より買い手に寄り添った視点から「**買い手の4Cモデル**」が生まれました。

4Pと対比すると、**プロダクトに対してカスタマー・バリュー(顧客価値)、プレイスに対してコンビニエンス(顧客利便性)、プライスに対してカスタマー・コスト(顧客コスト)、プロモーションに対してコミュニケーション(相互理解促進)**の4つに分類することで、ソーシャルオリエンテッドの時代にも活きる具体的な施策を考案しやすくしました。

デザインアート思考では、主にプランニング・サークルのトライアルのプロセスで、商品やサービスの詳細を決める際に、売り手の4Pモデル、買い手の4Cモデルの双方を併用することで、「プロダクトアウト」を避け、カスタマーに支持される「マーケットイン」を目指します。

4Cとは？

カスタマー・バリュー（Customer value）

顧客価値。カスタマーのニーズ、カスタマーが得るエモーショナル・ベネフィットなど。

コンビニエンス（Convenience）

顧客利便性。商品購入やサービス利用の容易さ、気軽に情報を取得できるか、など。

カスタマー・コスト（Customer cost）

顧客コスト。商品購入、サービス利用にかかる費用を適正と感じるか、移動距離や待ち時間など。

コミュニケーション（Communication）

カスタマーとのコミュニケーション（相互理解促進）はできているか、カスタマーとの接点の持ち方、価値共創の仕組みなど。

OUTPUT 4P、4C モデルをスケッチする

　売り手の4Pモデルと、買い手の4Cモデルをざっと理解したところで、Step 8-1で選抜した優先度の高いトライアルを当てはめてみましょう。

　まず、複数色の付箋を準備し、机か壁、ホワイトボードなどの盤面を、ペンやマスキングテープ、紐と画鋲などを利用して上段4つ、下段4つの合計8つのスペースに区切ります。上段は左から4Cの項目を、下段は左から4Pの項目を各スペースのタイトルとして書き出しておきます。

あとは検討するトライアルの順番を決め、トライアルごとに付箋の色を変えて、4C、および4Pの計8つの要素について、それぞれ付箋に描いていきます。メンバーで意見交換しながら描き込み、それぞれのスペースに貼っていきます。

　トライアルごとに貼られた付箋が、矛盾や過不足のない状態になったら完成です。こうして、トライアルを具体的なマーケティング戦術に変えていきます。

買い手の4Cモデルと売り手の4Pモデルを並べて描いた4P、4Cモデルスケッチ

カスタマーの購買意欲を
刺激するプロモーションを考える

[**Planning Circle**]

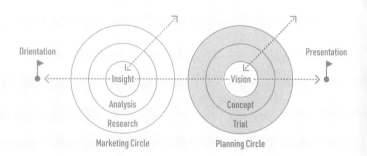

プロモーション・ミックスをまとめる

［Concept → Trial］

Step 9では、今回のプロジェクトで創造する商品やサービスの認知度を効果的に上昇させ得るプロモーションを考えていきます。

購買行動モデルAIDAで購買心理プロセスを知る

デザインアート思考では、プロモーションを「クライアントの商品やサービスに対するカスタマーの認知を得て、積極的な購買につなげるための活動」と定義づけています。しかしプロモーションの手法は時代と共に変化するため、プロモーションの機能を可視化した複数の「**購買行動モデル**」を分析する必要があります。この購買行動モデルをクライアント自身とカスタマーの性質に合わせて使い分けることで、適切なプロモーションを適切なタイミングで選択できるようにしましょう。

ここでは、10を超える購買行動モデルの中から、その基本概念である「**AIDA**」**モデル**を取り上げます。このフレームワークは、

広告研究家のセント・エルモ・ルイスが提唱した**注意 (Attention)**、**興味 (Interest)**、**欲求 (Desire)** の3段階からなる「AID」モデルを基本としています。後にルイス自ら4段階目に**購買行動 (Action)** を加えAIDAモデルとして完成されました。こうしてAIDAモデルは、世界で初めて、カスタマーが購買行動に至るまでの購買心理のプロセスを可視化したことで知られるようになりました。

　AIDAモデルでは、変化する4つの段階それぞれについて、カスタマーとの接点やアプローチの方法を検討します。それにより、カスタマーが商品の購入に至る動機を洗い出し、逆に商品購入の妨げとなる要因をあぶり出していくのです。

　それでは、ここからはデザインアート思考流にAIDAモデルを活用してみましょう。

　まず、注意（Attention）の段階では、ペルソナの好奇心をくすぐるような情報（**エモーショナル・フック**）を用意します。そしてペルソナのライフスタイルに合わせて設定された複数の**コンタクトポイント**（接点）から情報を発信することで、あらゆる場面での認知の獲得を目指します。

　次に、興味（Interest）の段階では、ペルソナのニーズや、その解決を妨げている課題を印象的に訴え、ペルソナの共感を得ていきます。

　続いて、欲求（Desire）の段階では、ペルソナのニーズに応え、課題を解決し得るファンクショナル・ベネフィットをわかりやすく提示し、ペルソナの購買意欲を促します。

　最後に、購買行動（Action）の段階では、カスタマー・コストの低さやコンビニエンスを伝え、ペルソナが実際に購買行動を起こすのを促します。

こうして、クライアントからの出題に沿って創造された商品や
サービスを、カスタマーに購買してもらいます。そして、購買行
動が肯定されるような価値をクライアントがカスタマーに提供で
きていれば、高い評価を得ることができます。このように**ペルソ
ナの交際履歴に挙げられる人々にも購買行動を広げ、本人自身も
リピーターになってくれる**ような施策を練っていきます。

　この購買行動モデルを参考に、プロジェクトで創造する商品や
サービスをカスタマーに購買してもらうまでの行動プロセスにつ
いて、プロジェクトチームで意見交換をしながらシミュレーショ
ンしてみましょう。

顧客の心理プロセスに合わせて提示する情報を変える

購買心理に訴えるプロモーション・ミックス

　プロジェクトチームのペルソナにプロジェクトで創造する商品
やサービスを購買してもらうには、どのようなタイミングで、ど
のようなプロモーションを展開したらいいのでしょうか。プロジェ
クトチームでシミュレーションした購買行動プロセスをたどりな
がら、ペルソナとのコンタクトポイントを思いつくだけ挙げて、
ペルソナに振り向いてもらう複数のプロモーションのアイデアも

考えておきましょう。

　ただ、一概にプロモーションと言っても多種多様な手法があり、何から手をつければよいのかわからないことも多々あります。そこで、デザインアート思考では、この多種多様なプロモーションを **広告宣伝、パブリシティー、販売促進、人的販売の4つのカテゴリーに分類** するフレームワークを採用します。これをヒントにカテゴリーごとのプロモーションを考え、それぞれを組み合わせながらペルソナの認知の獲得を目指す「**プロモーション・ミックス**」の検討を進めていきます。

プロモーション・ミックスとは？

広告宣伝(プル戦略)

テレビ、新聞、雑誌などのオフライン広告や、ウェブやSNSなどのオンライン広告といったペイドメディアで認知度向上を狙う。

パブリシティー(プル戦略)

企業の社会的責任（CSR）やスポンサーシップ、PR活動などを通じて、メディアの自主的な取材を受け、口コミ拡散効果を狙う。

販売促進(プッシュ戦略)

セールス・プロモーションとも言う。値引きや特別パッケージ、景品やサンプリングなどのインセンティブで購買行動の誘発を狙う。

人的販売(プッシュ戦略)

セールスマンによる営業、販売員による対面コミュニケーションなどによって、長期的な信頼関係の構築を目指し、購買行動の後押しを狙う。

プル戦略とプッシュ戦略とは？

プル戦略

クライアントの商品やサービスに対し、不特定多数のカスタマーの認知獲得を目指して、カスタマーを引き寄せる情報を発信するプロモーション。

プッシュ戦略

特定少数のカスタマーに向けて、クライアントの商品やサービスを選択するよう積極的に購買を促す、背中を押すようなプロモーション。

✎ OUTPUT プロモーション・ミックスをスケッチする

それでは、プロジェクトチームのメンバー全員で、プロモーション案のブレインストーミングを行います。まず、机や壁、ホワイトボードなどの盤面を、ペンやマスキングテープ、紐や画鋲を使って、十字を描くように4つのスペースに分けます。そして、それぞれ広告宣伝、パブリシティー、販売促進、人的販売とタイトルを書き出します。なお、プロモーションは、クライアント自身や今回のプロジェクトで創造する商品やサービスのブランディングに影響するので、デザインコンセプトがわかるムードボードもメンバーが見えるところに貼り出すとよいでしょう。

次に付箋を用意して、Step 8-2で4P、4Cを設定した優先度の高いトライアルについて、メンバー同士で意見交換しながらプロモーションのアイデアを貼り出していきましょう。

最近では、**ペルソナのプロフィールをキーワードに狙いを絞るSNSの広告宣伝**や、**SDGsの取り組みをアピールしてESG投資を**

呼び込むために、環境保護や人権保護の活動をしている非営利団体に寄付するようなパブリシティーもあります。そうした方法も考慮に入れるといいでしょう。

出てきたアイデアを1つの画面にまとめる

　ブレインストーミングを通じて、プロモーションのアイデアが出尽くしたら、メンバー全員で盤面を俯瞰して眺めて、スペースごとにプロモーションに優先順位をつけて選抜していきます。ビジョンをメッセージとしているもの、ファンクショナル・ベネフィットをわかりやすく説明しているものなど、どんなものがあるのかメンバー同士でよく意見交換をしておきましょう。

　こうして、4つのカテゴリーを付箋で埋めたら、プロジェクトにとっての理想的な組み合わせについて意見交換をしましょう。最終的には1つのカテゴリーにつき、優先順で3位程度まで絞っていきます。

　十分な意見交換ができたら、メンバーの中から1人スクリプターを選び、1つの画面、もしくは1枚の紙に、ムードボードで示されたデザインコンセプトを意識しながら、プロモーションのラフスケッチを描き、補足文と共にそれぞれの枠に書き入れていきましょう。

　こうして、まとめる過程でプロジェクトチーム全体のコンセンサスも自然と取れていきます。

プロモーション・ミックスをデザインする

Step 9-2

購買行動と購買心理を示す
ガイドマップを作る［Concept → Trial］

Step 9-2では、購買行動モデルを参考にプロジェクトチームの
ペルソナの顧客心理を想像し、プロジェクトで創造する商品やサー
ビスが、どうすれば実際にペルソナの認知を得ることができるの
かをデザインしていきます。

　ここでは、購買行動の段階と共に変化する顧客心理を、時間軸
で整理していきます。それぞれの場面で最も効果のあるプロモー
ション・ミックスを選抜し、クライアントの商品やサービスがペ
ルソナに認知され、購買され、評価されるための構想を、カスタ
マーの旅路、つまり**カスタマー・ジャーニー**を想像してマップに
描き出します。

カスタマー・ジャーニー・マップとは？

　カスタマー・ジャーニー・マップ（CJM） は、ペルソナがクライ
アントの商品やサービスの存在を認知し、購買して評価するまでの

過程を描いたものです。プロジェクトの関係者やペルソナに近い人物と共に、各過程をそれぞれ**行動（Doing）、思考（Thinking）、感情（Feeling）**の3つの要素で考え、時間軸で整理しながら視覚化していくフレームワークです。本書では、アダプティブ・パス社の「エクスペリエンズマップ」を参考に進めていきます。

　こうして、プロジェクトチームのみならず、プロジェクトの関係者とのコンセンサスを図りながら、売り手側が買い手の視座に立ってプロジェクトの有用性を検証し、カスタマーにとってより魅力的なエクスペリエンス（購買体験）のデザインを目指します。

　このフレームワークでは、デザインアート思考のマーケティング・サークルにおけるインサイトから、プランニング・サークルのコンセプト、トライアルまでを検証し、考察することができます。

カスタマー・ジャーニー・マップ（CJM）の要素

コンタクトポイント（Contact Point）

ペルソナとトライアルの接点。接触、非接触を問わず認知を得る方法。タッチ・ポイントとも言う。

行動（Doing）

ペルソナが自らのニーズを満たすために取る行動や、購買につながるビヘイビア（振る舞い）。

思考（Thinking）

ペルソナが商品の使用やサービスの利用を通じて期待することは何か、あるいはどんなことを評価するのか。

感情(Feeling)

ペルソナの購買心理は時間の経過と共にどう変化していくのか、最も幸福な瞬間、最も不幸な瞬間はいつか。

OUTPUT カスタマー・ジャーニー・マップをデザインする

それでは、これまでデザインアート思考で身につけたさまざまな考え方を総動員して、実際にCJMをデザインしていきましょう。

まずCJMを描く準備として、Step 8で選抜したトライアルの中から、CJMで検証する商品やサービスを仮決めします。次に、プロジェクトチームのペルソナを印刷して貼り出し、**そのニーズを証明できる統計などの客観性のあるデータをデスクトップリサーチで探していきましょう。**

さらに、デスクトップリサーチの結果を参考に、**フィールドワークでペルソナに近い人物に実際にインタビューなどを行い、当事者の実感を根拠にした情報を集めます。**この際、自分自身もカスタマー候補であることを忘れずに、自分自身の実感も書き出しておきましょう。

新規事業の場合は、フィールドワークで得た「実感」を優先してビジネスプランを練るべきですが、リサーチに参加していないクライアントはその「実感」を共有しておらず、会議室では追体験させることも困難なため、デスクトップリサーチで得た客観性のあるデータが説得材料として役に立ちます。

CJMをより効果的に使いこなすためには、プロジェクトの複数の関係者から、なるべく多様な人員に参加してもらい、同様のリサーチを事前に行ってもらうとよいでしょう。可能であれば、ペ

ルソナに近い人物も加えるのが理想です。参加者が多様であれば
あるほど、新しいインサイトを得ることができるでしょう。

カスタマー・ジャーニーの各ステージを描く

　準備が整ったら、実際にCJMを作っていきます。机や壁、ホワ
イトボードなどの盤面に、ペンやマスキングテープ、紐や画鋲を
使って枠を作ります。まず**「行」は、興味、関心、比較、検討、
購入、評価の6つのステージ**に分けます。続いて**「列」は仮決め
した商品やサービスとペルソナのコンタクトポイント、行動、思
考、感情の4つのファクター**に分け、横6つ、縦4つの合計24の
スペースを作ります。

　次に、4つの列それぞれに異なる色の付箋を用意し、1枚の付箋
に1つのキーワードかキービジュアルを参加者全員で描き込んで
いきます。それぞれが埋めやすいステージ、およびファクターか
ら取り組み、付箋を盤面に貼っていきます。

　コンタクトポイントはプロモーション・ミックスを参考に、行
動はペルソナのニーズの対象となるファンクショナル・ベネフィッ
ト、思考はペルソナの心に響くエモーショナル・ベネフィット、
感情はペルソナのプロフィールにある性格や趣味、感情のバリエー
ションを参考にすると描きやすいでしょう。

　ブレインストーミングの要領で自由に想像しながら、すべての
スペースを複数の付箋で埋めていきます。

カスタマー・ジャーニー・マップの6つのステージ

ステージ1「興味」

ペルソナが商品やサービスをプロモーション・ミックスなどを通し
て認知するステージ。

ステージ2「関心」

ペルソナが商品やサービスの購買によって解決するニーズに共感を示すステージ。

ステージ3「比較」

ペルソナが商品やサービスの購買欲求を強め、競合と4Pを比較し始めるステージ。

ステージ4「検討」

ペルソナが商品やサービスを実際に購買するために、4Cを比較し始めるステージ。

ステージ5「購入」

ペルソナが商品やサービスの提供するファンクショナル・ベネフィットを実際に体験し、購買行動を肯定するステージ。

ステージ6「評価」

ペルソナが商品やサービスを通じて得たエモーショナル・ベネフィットから購買行動を評価し、次の機会を連想するステージ。

ペルソナがリピーターになるストーリーをつくる

すべての枠に最低1枚以上の付箋が貼り出されてきたら、定期的に全員で盤面を俯瞰して眺める時間を作るようにしましょう。新しいアイデアの付箋を加えたり、ステージの前後を振り返って付箋の貼る位置を入れ替えるのに役立ちます。

こうしてすべての枠の付箋がそろってきたら、ステージ別に行動や思考、感情のファクターの付箋を選抜して、**カスタマー・**

ジャーニーがストーリー仕立てになるように組み合わせていきましょう。

　ストーリーは、ペルソナがプロジェクトで創造した商品やサービスに出会い、体験し、プロジェクトのビジョンに触れてファンになるまでを構成できるのが理想です。

　コンタクトポイントの付箋は、ストーリーの文脈を意識して、ステージごとにペルソナと自然に接触できるものを選抜していきましょう。1ステージに1枚と限定せず、可能な限りペルソナとの接点を増やせるように、プル戦略やプッシュ戦略を織り交ぜながら優先順で3位程度まで選抜しましょう。

　これまでの過程でもし、ストーリーの進行に違和感があったり、展開が急だと感じたら、別の付箋を当てはめてストーリーをより自然なものに変えてみましょう。

　ただしCJMは、ペルソナの体験をデザインするフレームワークです。ストーリーを自然に展開させることにこだわりすぎず、**ビジョン実現につながる「コア・バリュー」をストーリーの構成要素に加えるのを忘れないようにしましょう**。コア・バリューがあれば体験の質が上がり、ペルソナをリピーターにできる可能性が上がります、

　例えばスポーツメーカーのアディダスは、海洋環境保護団体「パーレイ・フォー・ジ・オーシャンズ」と協働して、海岸などで回収したプラスチックゴミをアップサイクルさせた素材でスニーカーを発売しました。この海を連想させる青色のスニーカーは日本円で2万円以上するにもかかわらず、世界中の若年層を中心に発売年度に100万足以上売れました。

　このスニーカーを通じてアディダスが提供したコア・バリューは「海の豊かさを守ろう」、「つくる責任つかう責任」といった

SDGsへの貢献の実体験でした。これにパーレイと協働することで「パートナーシップで目標を達成しよう」を実行し、カスタマーに本気であることを示し、信頼の獲得を狙ったのです。

　一方、カスタマーはスニーカーを買うことで「海洋ゴミを減らす活動に参加できる」ことや「スタイリッシュなリサイクル商品でランニングができる」ことを体験しました。カスタマーによってはランニングコースに海岸沿いを選ぶことでより体験の質を高めることもあったでしょう。こうして多くの若年層がアディダスのファンになったのです。

　デザインアート思考で重要なのはビジョンです。プロジェクトチームのビジョンをメッセージに、カスタマーの心に響くプロモーションの展開を心がけましょう。また、ビジョンはプロモーションのクライテリアになり、ステージごとに展開されるプロモーションに統一感を持たせることができます。

　プロジェクトチームとプロジェクトの関係者間での意見交換が十分になされたら、スクリプターを選んでCJMの記録を取りましょう。CJMは参加者全員が見られる広い盤面で作成するのが望ましいのですが、盤面にはさまざまな情報がちりばめられているので、資料として使うのであれば1つの画面か、1枚の紙面に結果のみを写すのがよいでしょう。

カスタマー・ジャーニー・マップは、プロジェクトチームとプロジェクトの関係者で作成する

視覚情報を活用して効果的な
プレゼンテーションを行う

［Presentation］

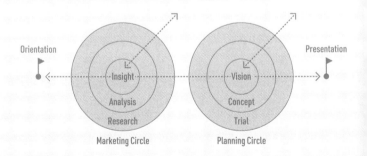

プロジェクトに新規性と創造性があるか振り返る［Planning Circle → Marketing Circle］

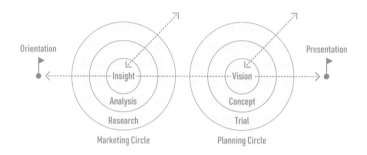

Step 10では、これまでに繰り返し考え、手を動かして検証してきたクライアントからの出題に応え得るプロジェクトの提案を、改めてデザインアート思考に則って簡潔にまとめ直します。そして、クライアントやプロジェクトの関係者にプレゼンテーションを行うための準備を整えていきます。

トライアル選抜のクライテリアとなるビジョンを振り返る

さて、プレゼンテーションの準備に進む前に、いまだ複数案存在するプロジェクトチームのトライアルを、ここでいよいよ決めていかなければなりません。しかし焦ることはありません。トライアル選別のクライテリアについては、プロジェクトチームのメンバー全員で、これまでにデザインアート思考のフローをアジャイルしながら、十分なコンセンサスを取ってきました。デザインアート思考の過程を振り返り、クライテリアを再確認しましょう。

　まず、マーケティング・サークルでは、リサーチを行い、アナリシスを加えて検証したビジネスチャンスが、具体的な商品やサービスではなく、「見えていなかったカスタマー像」、つまり「ペルソナ」という形でみなさんの前に姿を現しました。こうして可視化されたペルソナのプロフィールに「潜在的なニーズ」が含まれています。今回の場合、ペルソナとそのニーズが、マーケティング・サークルでインサイトしたビジネスチャンスそのものだと言えるでしょう。

　次に、プランニング・サークルでは、プロジェクトチームのメンバーそれぞれと、SDGsに代表される環境や社会に貢献し得るウォンツについて意見交換を行って、ペルソナと積極的に共有できるウォンツを選び、チームで実現したいビジョンに昇華させるに至りました。

　このペルソナのニーズに応え、クリエイターのウォンツを叶えるビジョンをクライテリアに、プロジェクトのコンセプト（開発の方針）、およびマーケティング戦略を考案しました。さらには、今回のプロジェクトのブランディングの方向を決めるデザインコンセプトも定めています。

　その具体的な施策、あるいはマーケティング戦術はトライアルとして、文字通り、ブリコラージュを利用した「試行錯誤」のもとで視覚化し、プロジェクトにつながるアイデアを優先順で選抜してきています。

　こうして、今までの過程を振り返ると、最終的なプロジェクトの提案を決めるクライテリアはあくまでビジョンであり、プロジェクトチームとペルソ

クリエイターとペルソナが共有できるビジョンが最良

ナが協力して実現したいと思えるようなビジョンこそが最良だということがわかってきます。クライアントの出題に対して、最終的に提案するトライアルもビジョンをクライテリアに選抜して、決めていきます。

プロジェクトの新規性、および創造性の有無を検証する

　ビジョンをどう実現するかを定めるコンセプトは、「**新規性**」があるかどうかが要になってきます。そもそも私たちが、類似する商品やサービスがないという意味で新規性にこだわってきたのは、競合の少ないブルーオーシャンにクライアントを導くためでした。ここではプロジェクトが導入期から成長期に至るまでに、そのマーケット・シェアを最大化して複数の競合の参入によるレッドオーシャン化に備えます。また、成熟期までにカスタマーのマインド・シェアを獲得することで、再びブルーオーシャンを取り戻し、クライアントの確固たる地位を築くという壮大なデザインを展開することを目的としていました。

　ここで、プレゼンテーションの準備を本格的に始める前に必ず、**プロジェクトチームが提案する「新規事業」が、いまだ「新規」であるかをマーケティング・サークルに戻って検証**しましょう。まず、ペルソナの視点でビジネスチャンスを探り直し、類似事例がないかどうかを、リサーチで確かめていきます。

　こうして、コンセプトの「新規性」をいまだ確保できているのが確認できたら、「**創造性**」**があるかどうか、つまりデザイン面で類似した例がないかも検証**しておきましょう。この際に、デザインコンセプトに則って描いたトライアルのスケッチがあると、より素早く検証することができます。

　ここで重要なのは、「創造性」によって何らかの形に視覚化され

ていないと知財として守りにくいということです。「新規性」が言葉や文字で表現され、視覚化されていないことはよくあるのです。

ここまでで問題がなければ、新規性を追求するあまり、ビジョン実現への貢献が疎かになっていないかを、もう一度振り返ってから、プレゼンテーションの準備に入っていきます。

創造性を持って新規性を視覚化する

新規性が認められない時こそ、アジャイルを実践する

しかしもし、コンセプトに「新規性」がないことがわかった場合は、Step 5で作ったビジョニングの樹形図を見返してみます。ビジョンを幹とし、ペルソナが最も重きを置くコア・バリューから、エモーショナル・ベネフィット、ファンクショナル・ベネフィットが、より魅力的につながっている枝がないかを見直してみましょう。

プレゼンテーションを準備する段階まで来たら、プロジェクトチーム全体の情報量は樹形図を描いた当時より多くなっており、これまでに繰り返し行ってきた考察や検証の結果から、樹形図の見え方も変わってくる可能性があります。

また、コンセプトに「新規性」が確保されていても、トライアルに「新規性」がないこともあります。その際は、**コンセプトに従って優先順位で次席であったトライアルから順番に4P、4Cなどのマーケティング戦術を検討して選抜し直す**場合と、**デザインコンセプトを再検討して、差別化のポイントを徹底的に見直し、プロジェクトのトライアルを創造し直す**場合などがあります。

そもそもコンセプトに新規性があるのであれば、本質的には競合とは異なる事業提案であると言えるため、ここでは創造性の方向を変えることで対処するのが最善だと言えます。

　例えば、新規事業だと思っていてもデザインコンセプトが牽引するブランディングに類似事例があれば、カスタマーに「この商品やサービスは、ファンクショナル・ベネフィットは違うのにエモーショナル・ベネフィットで二番煎じを狙っている」などの印象を与えてしまうことがあります。ここは落ち着いて、クライアントに合ったデザインコンセプトを再検討し、新規性のあるエモーショナル・ベネフィットでカスタマーのマインド・シェアを獲得する施策を考えていきましょう。

ブランディングの類似事例も調べておく

Step 10-2

プロジェクトをイメージ・ボードにまとめる

［Marketing Circle → Planning Circle］

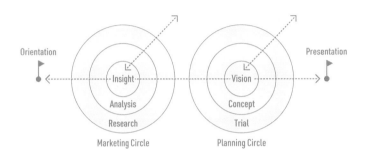

　プロジェクトに「新規性が認められるか」、「創造性が認められるか」を確かめたら、プロジェクトの概要をプレゼンテーションの聞き手がどのような視座にいたとしても伝わるような**イメージ・ボード**にまとめていきます。

　イメージ・ボードとは、プロジェクトが実現する未来のイメージ（世界観）を1枚のボードにまとめた、絵や写真などのビジュアルを重視した企画書のことです。このイメージ・ボードをデザインアート思考では、クライアントやプロジェクトの関係者、プロジェクトチーム内でのコミュニケーションやコンセンサスに用いることから「**コミュニケーション・ボード**」と呼んでいます。

視覚情報を用いて認識のズレを防ぐ

　このコミュニケーション・ボードには、これからみなさんがクライアントにプレゼンテーションするプロジェクトの概要が掲載

されています。そもそも「新しい」モノゴトはローンチ前では存在していません。言葉や文字のみで説明していては、その場に居合わせたクライアントはそれぞれの視点、視野、視座でモノゴトを想像するため、プロジェクトチームとの認識のズレが生じてしまいます。

　だからこそ、情報が視覚化されたコミュニケーション・ツールを作成して、ビジョンやコンセプトがブレないように配慮する必要があるのです。

　文字やグラフを多用したマーケティングデータで新規性を証明し、説得力を持たせるのも重要ですが、そのデータの先にある「未来」を視覚化した資料と組み合わせれば、より簡潔で、より明瞭なプレゼンテーションになるでしょう。

コミュニケーション・ボードの要素を振り返っておく

　実際の作業に取りかかる前にまず、コミュニケーション・ボードは、カスタマーではなく、クライアントやプロジェクトの関係者に向けたコミュニケーション・ツールであることをプロジェクトチームのメンバー同士で確認しておきましょう。その上で机やホワイトボードなどの盤面を囲み、複数色の付箋を用意します。

　次に、デザインアート思考のマーケティング・サークルにおけるインサイト、プランニング・サークルにおけるビジョン、コンセプト、デザインコンセプト、トライアルのそれぞれについて、以下の要素をメンバー全員で振り返っておきます。

デザインアート思考に則って検討する要素

①「インサイト」として、潜在的なカスタマー像と、そのニーズに
　　ビジネスチャンスはあるのか。

②カスタマーと共有できる「ビジョン」はあるのか、プロジェクトに社会的意義はあるのか。

③「コンセプト」、マーケティング戦略に新規性は認められるか、実現可能性は十分にあるか。

④クライアントの競合優位性が際立つ「デザインコンセプト」になっているか、ブランディングはできているか。

⑤「トライアル」は十分に行っているのか、マーケティング戦術やエモーショナル・ベネフィットを説明できるか。

　以上の要素について、全員で意見交換をしながら1枚の付箋に1つの論点を書くイメージで、複数枚書き出して貼っておきます。

OUTPUT コミュニケーション・ボードを制作する

　それでは以下の要素を参考に、実際にコミュニケーション・ボードを作成していきましょう。

コミュニケーション・ボードに掲載する要素
プロジェクトの名称

現時点でのプロジェクトの名称、あるいは商品やサービスの名称。

インサイト

カスタマーのニーズなど、マーケットからの気づき。

ビジョン

プロジェクトの成功により実現する未来、カスタマーに提供したい将来の世界観。

コンセプト

プロジェクトの方向性、開発の方針や視覚化の方針。

トライアル

プロジェクトに必要な商品やサービスなどのファンクショナル・ベネフィットやエモーショナル・ベネフィット。

メインビジュアル

プロジェクトがペルソナと共に実現する世界のイメージ。

サブビジュアル

プロジェクトの実現に必要な商品や道具、設備などのイメージ。

　まず、プロジェクトの名称に関しては、タイトルロゴを意識してフォントを選びながらタイトルが載るべき箇所に書き出すとよいでしょう。インサイトに関しては、ペルソナのニーズを表す要素をいくつかテキストで箇条書きします。ビジョン、コンセプトに関しては、1つずつテキストで掲載します。トライアルに関しては、主にファンクショナル・ベネフィットを、可能であればエモーショナル・ベネフィットをテキストで掲載していきます。

　メインビジュアルは、プロジェクトによってビジョンが実現した場面を、ペルソナとその感情表現も含めて写真でコラージュして表現します。サブビジュアルでは、ビジョンの実現に用いられた商品やアイテム、施設などのイメージをコラージュして表現します。

　以上の要素をボードに掲載する割合としては、**メインビジュアルはボードの面積の50%以上、サブビジュアルは20%以上**を占

めるようにレイアウトしましょう。**残りの30%以下がテキスト**の掲載される割合です。合計で100%を目指します。この際にテキストはビジュアルの上に記載しても構いません。こうして、ひと目でわかる視覚的な企画書を作成していきます。

クリエイティブ系のイメージ・ボードを参考にする

　コミュニケーション・ボードのレイアウトや写真の選び方などの参考資料が欲しい場合は、カンヌライオンズ国際クリエイティビティ・フェスティバルに代表されるクリエイティブ系のコンペティションで使用されているイメージ・ボードを参考にするとよいでしょう。受賞や入賞したクリエイティブの名称から画像検索すれば、イメージ・ボードが見つけられます。

　これらのイメージ・ボードを見るだけでも、マーケットの変遷やクリエイティブの世界的な動向が見えてきます。昨今では、モノ消費とコト消費の双方を扱うイメージ・ボードが増え、「ソーシャル・グッド」や「チェンジ・フォー・ベター」と呼ばれるソーシャル・オリエンテッドなクリエイティブが主流であり、評価されているのが見えてきます。

「パラオ誓約」を例としたイメージ・ボード

Step 10-3

プロジェクトの魅力を伝えきる
構成を考える［Presentation］

コミュニケーション・ボードの作成を通じて、クライアントに
提案するプロジェクトの全容を視覚化し、プロジェクトチーム内
でのコンセンサスをしっかりと確保したら、いよいよ具体的なプ
レゼンテーションの構成を検討していきます。

デザインアート思考は、プレゼンテーションをロジカルに進め
るのに適しており、必要に応じてマーケティング・サークルやプ
ランニング・サークルの各要素を組み合わせることで、簡潔かつ
明瞭なプレゼンテーションの構成を考えることができます。

デザインアート思考の4つの要素で構成する

まず、情報過多に陥らない、簡潔なプレゼンテーションに仕上
げるために、コミュニケーション・ボードに記載されているイン
サイト、ビジョン、コンセプト、トライアルの4つの要素を基準
に構成を考えていきます。

インサイトでは、ペルソナのプロフィールに基づき、クライアントが参入すべき市場や、ペルソナのニーズに基づいたビジネスチャンスがどこにあるのかを伝えます。

　ビジョンでは、今回のプロジェクトがクライアントに与える社会的意義や、カスタマーと共創すべき価値、カスタマーと実現すべき未来の世界観について伝えます。

　コンセプトでは、ビジョン実現のためにクライアントが取るべき方針や、提案するマーケティング戦略の新規性や差別化のポイントを伝えます。また、デザインコンセプトを通じてクライアントの競合優位性と、これを活かしたブランディングについても触れておきます。

　トライアルでは、ビジョン実現の具体的な施策として、どんな商品やサービスを創造すべきなのか、アイデアのファンクショナル・ベネフィットやエモーショナル・ベネフィット、マーケティング戦術について伝えていきます。

　これら4つの要素の内容を基準に、**プロジェクトを実際にローンチするまでにかかる開発費やローンチ後に想定される維持費、マーケット・シェア拡大のシミュレーション、マインド・シェア獲得のブランディング、カスタマー・ジャーニー・マップ（CJM）に基づくペルソナの認知獲得の手段、ステージ別でのプロモーション・ミックスの組み合わせ**などが説明できるとなおよいでしょう。

　実際のプレゼンテーションでは、以上の要素を、プロジェクトチームに与えられた持ち時間や、聞き手であるクライアントの顔ぶれなどに合わせて、提示する情報の量や順序を変えることで、プレゼンテーションの構成を最適化していきます。

　ただし、残念ながら種々様々な要因によりプレゼンテーション当日に条件が変わることもよくあります。そのため、構成に関し

ては1つのパターンを詰めすぎず、いくつかのパターンを考えておいて、急な変更にも柔軟に対応できるような余裕を持っておきましょう。

　ともあれ、これまでの検証や考察の経緯、情報共有やコンセンサスの積み重ねがあれば、突然のプレゼンターの変更も含め、どのような想定外の事態に見舞われても、当初と同じ効果を望めるプレゼンテーションが可能です。本番では今までの積み重ねを思い出して自信を持ち直し、特に複数のメンバーでプレゼンテーションできる場合は、お互いにフォローしながら進めていくように心がけましょう。

想定外のことが起きてもチャンスを逃さないために、積み重ねを信じて落ち着いて対処する

ビジュアル・コミュニケーションを促す
演出を加える［Presentation］

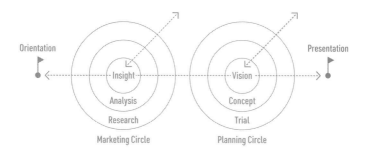

プレゼンテーションの本番を迎えるにあたり、プロジェクトの魅力を簡潔かつ明快に伝えるために、プロジェクトチームで検討した構成に則って、実際のプレゼンテーションで提示するコミュニケーション・ツールを選抜し、準備を進めていきます。

プレゼンテーションの再現性を高める

多くの場合、プレゼンテーションはその場で終わらず、その場に居合わせ、プレゼンテーションの有益さを理解したクライアントの誰かが、プロジェクトの関係者や上長を相手に自分でプレゼンテーションを再現することで続いていきます。この「再現プレゼンテーション」はプロジェクトの採用が決まるまで伝言ゲームのように続くため、あらかじめ想定すべき非常に重要なファクターだと言えるでしょう。

例えば、プレゼンターの話がうまくて、クライアントとの質疑

応答の内容からもプロジェクトの魅力が十分に伝わったという実感があったとします。しかしクライアントの手元に残る資料がそのプレゼンテーションを思い起こすのに十分なものでなければ、再現の困難さから、プロジェクトを次のステージに進ませることは困難でしょう。

これとは逆に、クライアントの手元に残る資料が十分で、補足のマーケティングデータまでびっしりと書かれていたとします。クライアントはその努力に敬意を払うでしょうが、業務の合間を縫って大量のテキストから評価すべきポイントをわかりやすく抜き出してくれる人は稀でしょう。これでは再現する話し手も、決裁をする聞き手も、重要なポイントの解釈がそれぞれズレていき、混乱によりプロジェクトを次のステージに進めるのは困難な状況に陥るでしょう。

ビジュアルを意識した資料づくりを心がける

そもそもテキストベースの意見交換は、意識的にせよ、無意識にせよ、具体的なイメージがないまま言葉と文字のみでの議論が行われてしまいます。気づかぬうちに言葉のニュアンスや抽象性に翻弄され、批判的になるため、説得に時間を要する場合が多々あります。

一方、ビジュアルベースにテキストを簡潔にした意見交換は、ニュアンスも含めて具体的なイメージが提示された状態での意見交換になるので、何をどう変えたらよりよくなるかなど、意見も具体的になり、建設的な議論のもとコミュニケーションが活性化されます。

みなさんはこれまでの過程で、ビジュアル・コミュニケーションを繰り返し行ってきました。その経験を活かして、プレゼンテー

ションを構成しましょう。例えば、次の資料を準備します。

ビジュアル・コミュニケーションを活性化する資料

コミュニケーション・ボード

プロジェクトの概要がビジュアルとテキストの両方でまとめられたもの。インサイト、ビジョン、コンセプト、トライアルが箇条書きされ、メインビジュアルにビジョン、サブビジュアルにトライアルが視覚化されている。

3C分析の複数枚のムードボード

カスタマーとしてペルソナ自身やペルソナが属するマーケットのイメージ、コンペティターとしてペルソナに支持されている競合のブランディング、コーポレーションとして現状のクライアントのイメージが視覚化されたもの。これからのクライアントのブランディングの提案が含まれている。

ペルソナのプロフィール入りスケッチ

ペルソナのフルネーム、年齢、ジェンダー、職業、年収などの基本情報のほか、交際履歴、情報収集方法、消費傾向、心理的属性を表す性格やエピソードなど、新しいマーケットと、ビジネスチャンスにつながるニーズが視覚化されたもの。

ビジョニングの樹形図のスケッチ

ペルソナがビジョンを実現した際の感情表現を理想として中心に据え、プロジェクトで創造する商品やサービスのアイデアを展開し、それぞれのコア・バリュー、その獲得を阻む課題、エモーショナル・ベネフィット、ファンクショナル・ベネフィットが視覚化され

ているもの。

SWOT分析に基づくクロスSWOT分析のスケッチ

クライアントや競合の商品やサービスがどういう状況にあるのか、
強みと弱み、機会と脅威をそれぞれ絵と文字を使って視覚化して4
象限に分類したもの。また、分析結果に基づいた、新規性のあるコ
ンセプトやマーケティング戦略が視覚化されたもの。

カルチャーセッティングのムードボード

プロジェクトの開発の方針に従って、視覚化の方針、つまりはデザ
インコンセプトを明記したもの。キーワードとキービジュアルをレ
イアウトし、キーカラーを定め、クライアントが発信すべきカル
チャーとブランディングの基準が視覚化されたもの。

4P、4Cモデルのスケッチ

プロジェクトで創造する商品やサービスのプロダクト、プレイス、
プライス、プロモーションからなる4P、カスタマー・バリュー、コ
ンビニエンス、カスタマー・コスト、コミュニケーションからなる
4Cを視覚化してまとめたもの。

プロモーション・ミックスのスケッチ

ペルソナの認知獲得の具体的な施策として、プロモーションを不特
定多数向けのプル戦略である広告宣伝とパブリシティー、特定少数
向けのプッシュ戦略である販売促進と人的販売の4つに分類し、そ
れぞれに考え得る手法を視覚化し、まとめたもの。

カスタマー・ジャーニー・マップ（CJM）のスケッチ

ペルソナがプロジェクトで創造する商品やサービスに対して起こす購買行動の過程を、興味、関心、比較、検討、購入、評価の6つのステージに分け、行動、思考、感情の3つの要素の変化からステージ別に最適な接点を検証し、視覚化したもの。

　以上のうち必要だと判断したものを、プロジェクトのデザインコンセプトに従って丁寧に制作し直していきましょう。上記の資料以外にも、今までに制作した資料を流用するのもよいでしょう。プレゼンテーションの構成に合わせて、パワーポイントが使える環境ならデータで、使えない状況であれば紙で、紙芝居を行うようなイメージで配置していきましょう。

　こうしたビジュアルベースの資料だと、落書きのような完成度になってしまうと不安な人もいるでしょう。ただ、これまで何度も述べてきた通り、プレゼンテーションで求められているのはあくまで「伝わるビジュアル（視覚情報）」であり、「上手なピクチャー（絵）」ではありません。例えばホワイトボードに手描きする程度でも伝わればよいのです。

　こうしたビジュアルに重きを置いた資料は、言葉で伝えきれないイメージを視覚的に伝え、クライアントの印象に残るプレゼンテーションを実現するばかりか、その後の「再現プレゼンテーション」でも重宝される資料となります。

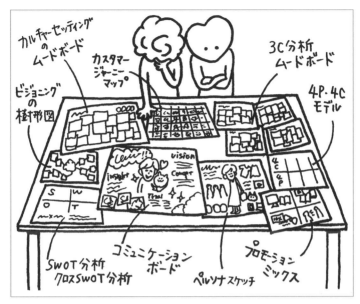

視覚情報は、ビジュアル・コミュニケーションを促進する

チームワークで臨むプレゼンテーション

　ここまでを振り返ると、プロジェクトチームのメンバーとは、デザインアート思考に則ったチームビルディングから始まり、マーケティング・サークルの検証やプランニング・サークルの検討、さらにはプレゼンテーションの内容まで意見交換をして決めていくなど、短時間ながらもさまざまな場面を共に過ごしてきました。プレゼンテーションの準備も整った今、これだけの経緯があれば、どのメンバーもプロジェクトの内容は概要から詳細まで空で言える状態になっているのではないでしょうか。

　デザインアート思考における**プレゼンテーション成功の目安は、プロジェクトチームがペルソナと協力して実現したいと思う「ビ**

**ジョン」をクライアントにも自分ごととして捉えてもらえるかど
うか**に尽きます。自分ごととして認識してもらえるかどうかで、クライアントのプレゼンテーションを聞く姿勢が変わり、質疑応答の内容も採用を意識した具体的なものになってきます。

　また、ビジョンはプロジェクトが採用された際に、その推進の動機としても作用します。このように、プロジェクトチームのビジョンをペルソナだけでなくクライアントとも共有することで、パートナーシップの構築を目指していきます。

　それでは、プレゼンテーション前の最終確認をしましょう。

プレゼンテーション前に確認すべき要素

プレゼンテーションの構成

プロジェクトチームに与えられた時間内で、プロジェクトの魅力を余さず伝えきる構成を考えます。デザインアート思考では、クライアントに合わせて、ペルソナやそのニーズなどのインサイトの説明、SDGsへの貢献などのビジョンの提示、競合にない

相手の所属や立場、性格に合わせて構成を変えていく

新規性のあるコンセプト、トライアルのファンクショナル・ベネフィットやエモーショナル・ベネフィットの紹介、いずれの要素から始めても構いません。

プロジェクトチームの配役

プレゼンターを1人で務めるのではなく、メンバー全員で協力しながら分担するようにしましょう。チームワークを通じ、多様性を尊重して考え抜かれた提案であることが伝われば、説得力も増すし、言葉に詰まるような場面も全員でフォローできます。

チームワークで時間を忘れるプレゼンテーションを演出する

重要なポイントは誰が話すか、ペルソナを演じた寸劇を挟むべきかなどを検討することで、抑揚があって飽きないプレゼンテーションを目指します。

プレゼンテーションの演出

プレゼンテーションで使用する資料がプロジェクトのデザインコンセプトに則って作成されるのと同様に、クライアントの属する企業の社風に配慮した上で、デザインコンセプトに則ったドレスコードを設定しましょう。メンバー全員が同じ衣装を着る必

プレゼンテーションではプレゼンターも見られている

要はありませんが、衣装を変えれば背筋も伸びるし、声も自然と大きくなります。こうして、立ち居振る舞いをも合わせていきます。

プレゼンテーションを行う会場

会場は可能な範囲で、特に電子機器周りの環境を確認しておきましょう。デジタルかアナログかで準備するものが変わります。とはいえ、初見の会場であれば、ほぼ想定不能と考えて準備するのがよいでしょう。会議室もあれば応接室もあり、広さもさまざまで、場合によってはパーテーションで仕切られているだけの応接スペースもあり得ます。

会議室　　　　　　　応接室　　　　　　　応接スペース

　以上の要素を確認したら、プロジェクトチームでも1人でも、職場でも自宅でもいいので、**軽くリハーサルをしておきましょう**。オープニングからエンディングまで通しで口にしてみるだけでも、多くの改善点に気づくことができます。

　特にタイムキープには気をつけて、想定した時間を超えるようであれば、台詞を削ったり、言い回しを変えたりして調整していきましょう。何もかも詰め込んで早口になってしまうと、プレゼンターは余裕をなくし、クライアントがどこまで理解したかを顧みることさえできない一方的なプレゼンテーションになるため、極力、避けましょう。

　最後に、プレゼンテーション当日は、資料作成に没頭して声を出していなかったり、緊張していたりで、声帯が狭くなりがちで

す。腹式呼吸での発声練習を試みて、緊張を和らげつつ、声帯を広げておきましょう。こうして呼吸を整えておけば、声が上ずらずに落ち着いて話すことができます。

　あとは、デザインアート思考で取り組んできたすべての要素が身についていることに自信を持って、細かいミスは気にせずに、堂々と話しきるようにしましょう。みなさんの健闘を心から祈っています。

対談
「ビジネスでこれから 求められる人材とは」

クリエイティブディレクター
OCHABI Institute 理事
佐藤 可士和

御茶の水美術専門学校 校長
OCHABI Institute 理事
服部 元

御茶の水美術専門学校では、1978 年から 42 年にわたりクリエイティブの論理的な教育法を研究してきました。デザインアート思考はどのような背景と目的のもとに生まれ、どんな教育効果があるのか、「デザイナー」や「アーティスト」の役割はこれからどう変わるのか。姉妹校である御茶の水美術学院出身者であるクリエイティブディレクターと、御茶の水美術専門学校のカリキュラム設計者の両氏が語ります。

ビジネスモデルや経営をデザインし直す時代に来ている

服部元（以下、服部）　今、日本は生まれ変わろうともがき苦しんでいます。理由はさまざまにありますが、戦後、貧困を極めた日本は、持ち前の勤勉さで生産力や製品の品質向上に努め、いかに短期間とはいえ世界市場の上位を経験しました。一方、主導権を取り戻したい欧米諸国は、製品ではなく人間自身に注目し、サービス・ドミナント・ロジックに傾倒していきます。

　日本は幸か不幸か「世界市場上位」という鮮烈な成功体験を持ってしまったがために、高度経済成長期に日本人がデザインしたビジネスモデルから抜け出せないまま、年功序列の組織形態に高齢化が相まって経営さえも硬直化しました。そして2020年現在、**日本は戦後初めて、ビジネスモデルや経営を今の日本に合った形で根本からデザインし直す必要に迫られています。**

**佐藤可士和（以下、佐藤）　今、大きな価値観のチェンジを求められ
ていますね**。確かに戦後に復興し、高度経済成長期の成功体験がい
まだに強く残っていて、そこから何十年も経ち、環境は変わってし
まっているのに、認識されていないですよね。少子高齢化になり、
世界経済においてはリーマンショックも起き、今後もそれ以上のこ
とがあるかもしれない。大きな環境の変化に、いつまでも若いつも
りで「まあなんとかなる」という感覚ではいられません。

　そんな中、僕の担当しているクライアント企業の多くは、**2019年
あたりからSDGsやESGへのアクションを起こし始めています**。そ
れ以前から当然意識の中にはあって、実際にここ数年でアクション
へと移り始めているところです。

服部　そうですね。SDGsは環境や社会への貢献も含めたより広範囲
な概念としてデザインを捉え直す必要性を明るみに出しました。実
際、ESG投資もSDGsへの意識が高いヨーロッパ諸国を中心に拡大を
続け、ここ数年では、日本でも凄まじい伸び率を見せています。

　しかし、多くの企業は海外の成功事例を模倣しているだけで、自
社の特性に合ったデザインを施しているわけではありません。結果と
して、多くの社員がSDGsの活動を支援する意味を理解できずに会社
の方針として受け止めるにとどまっています。ヨーロッパとは文化の
異なる日本が真にSDGsの実現を目指すのであれば、自分たちの風土
に合ったデザインを施さなければならないでしょう。

佐藤　いまやSDGsという言葉はビジネスパーソンなら当然わかって
いるし、理屈では理解している。しかし、英語だからなのか、しっ

くりこないんですよね。Sustainable Development Goalsという単語の意味としては理解できても、本当に伝えたい概念がパッと飲み込みにくいというか。高度経済成長期のやり方が崩壊したことだけはわかっているけれども、なんとなく次の価値軸が見つからないから現実を受け入れたくない状態かもしれません。次にシフトすべき方向が見つからないから、なんだか全体的にモヤモヤしていますよね。

アートやデザインは、選ばれた人間の特権ではない

佐藤 元来、**人間は変化することを好みません。それが前提だからこそ、改革というのは難しい**のだと思います。

服部 全くもって同感です。私たちは専門学校のあるべき姿として、クリエイティブをビジネススキルとして改めて捉え直し、その思考法を分解して、学生でも再現できるように論理的に再構築したにすぎません。**そもそもアートやデザインといったクリエイティブの才能は、特別なものだと勘違いされがちですが、選ばれた人間にのみ与えられた特権ではなく、マーケティングと同じように論理的に学べば誰でも身につけられるのです。**ところがこの「論理的」というのが、「感覚的」を重視していた当時の先生たちには非常に不評で、学生までを巻き込んだネガティブキャンペーンに発展したのです。

佐藤 僕なんか、もともとそういう考え方なので不思議ですが、どんな反発が出たのですか?

服部 特に多かったのが「マーケットを意識した時点で良作を創造することはできない」という意見で、これは戦後から刷新されてこなかった日本の美術教育が招いたマインドセットと言ってよいと思います。

佐藤 どうしてもアートとビジネスを分けて考えたいのだと思うのですが、現実的社会はそうなってはいませんからね。

服部 そうなんです。そこでデッサンの技法をビジネスパーソンの意思伝達を円滑にするコミュニケーション・ツールとしてまとめたのが「ロジカルデッサン™」で、その技法は、実は可士和さんが本学園の予備校に通っていた頃から、意識していました。

佐藤 僕は高校時代に大学の進路で悩んでいた時、御茶の水美術学院に出会ったのです。おかげで、その後多摩美術大学に進学し、今の僕があるわけです。

デザインアート思考でコミュニケーションを活性化

服部 もともとデザインアート思考は、先生と学生間だけではなく、職員も含めて共通した思考プロセスを持つことで学内のコミュニケーションを活性化させ、教育効果を最大化することを目的に考え出された思考法なんです。学校と言うと先生ばかりが注目されがちですが、職員それぞれにも教育に従事する理由があります。学校が自ら掲げるビジョンを明確にできなければ、そこで働く人々にチームワー

クなど生まれようもなく、教育改革などは花火のように弾けて消え
てしまうんです。

　教育業界には、企業で言うところの経営指針みたいなものにならう習慣がないので、組織力ではなく、一部の先生に教育方針自体が引きずられてしまうことも多々あります。これが派閥争いを生み、先生だけではなく、巻き込まれた職員たちも教育で社会に貢献するという意義を見失ってしまうんです。

佐藤　もちろん、それぞれの考え方は多様であっていいのですが、社会に対するその学校の大きな考え方が最も重要です。

服部　そうですね。以前、改革途上の混迷期に可士和さんに「インターナルブランディングに取り組んでみたら」というアドバイスをいただいて、御茶の水美術専門学校の原点について改めて考え直したのを思い出します。本校は戦後の復興期に創立者が私邸を美術学校に変えたのが始まりですが、創立者はデザイナーやアーティストではなく、生物学を専門とする科学者でした。彼は、論理的に、「科学と戦争」の組み合わせが悲劇を招くなら、「科学と文化」を組み合わせれば、これが多様であればあるほど、多くの人々に自分らしい幸福のあり方を想像させ、実現できる可能性を示すことができると考えていました。そこから本校の建学の精神は「世界に文化で貢献する」となりました。

　感覚的な表現はそれを共有できる人間同士でしか成り立ちませんが、論理的な表現は内外誰もが理解し得るので、ビジネス的にも再現性が高いプランを提案できます。**世界を意識すればするほど、創**

造性教育の基本はロジカルであった方がいいという結論に至ったのです。

佐藤 内外で思考が共有できていないと、それぞれの教育のシナジー効果も薄れてしまい効率も悪くなってしまいます。

服部 はい。デザインアート思考を考案するにあたり、ビジネスパーソンや起業家、あるいはフリーランスとして授業に携わっている先生たちへのヒアリングを実施し、彼らが作成したシラバスと彼らの言葉を照らし合わせながら、クリエイティブの肝は何かを分析していきました。その結果、実は「大事なポイント」というのは、どの先生も言葉が違うだけで本質は同じだということがわかったのです。しかし、言葉の違いこそが教育効果を大幅に下げ、コミュニケーションコストを高くする原因でした。こうして本校でのデザインアート思考のニーズは高まり、学生たちは先生からの指摘が、例えば、ビジョンの曖昧さに由来するのか、コンセプトに新規性がないことなのか、トライアルに差別化のポイントがないことなのかが、わかるようになったのです。

佐藤 例えば「コンセプト」という言葉は、いろんなレイヤーで存在しますよね。マーケティングのコンセプトとか、表現のコンセプトとか。同じプロジェクトでも、レイヤーが違うと言葉が変わるので注意しなくてはならないですね。今は学生でもコンセプトという言葉を頻繁に使うようになって一般用語化したけれど、僕が高校生の頃は理解しにくかったです。辞書を引いても「概念」などとしか

書いていないし、しっくりこなかったです。

服部　確かにコンセプトは最も定義に苦労した言葉のひとつです。そこで、本校がプロジェクト・ベースド・ラーニング（PBL）の一環として重点的に取り組んでいる産学連携授業の事例を観察すると、多くの企業が「なぜ（Why）」成功したいのかよりも「どう（How）」成功するのかを重視しているのがわかってきたのです。学生のクリエイティブジャンプを引き出すには、企業が求めるHowの「コンセプト」を受け入れると共に、冷静にWhyの「ビジョン」までさかのぼる思考法が必要だと実感したのを覚えています。

　しかも世界は今、SDGsの実現に向かっています。そしてSDGsには目標はあっても、その達成に明らかな正解があるわけではなく、目標に至る道筋でさえ自分で創造しながら「持続可能な状態」で維持しなければなりません。このような**答えのない問いへの挑戦は、「なぜ（Why）」自分はその目標に取り組むか、という明確なビジョンに支えられたモチベーションがないと継続できません。**デザインアート思考ではビジョンをコンセプトより中心に据えています。自分の属するコミュニティーの掲げる目的ではなく、クリエイターである自分自身の目的は何なのかを問うようにしたのです。その結果学生は、無意識にモチベーションの在り処を探るようになったのです。

佐藤　その思考プロセスに慣れてしまえば、毎回これがデザインアート思考だとは考えないですよね。結局は、きちんと課題を発見し、それがレイヤーで整理できて、かつ最後のソリューションを出す時にクリエイティブなジャンプができるかどうか。**課題を発見できな**

ければ、モチベーションが持てないも同然です。起業する人には、やはりそういうビジョンがある。

服部 起業家の数だけ「ビジョン」があり、要は自分で信じられるものを掲げられるかどうかなんですよね。

佐藤 それぞれの正解を見つけていくことが重要ですね。

服部 最近では教育機関を中心に、創造性教育の現在や、SDGsを教育に取り入れるESD（持続可能な開発のための教育）の現在を題材に講演する機会が増えましたが、やはりSDGsに関して何らかの正解をつかんでいないと不安に思う先生や学生が多いようです。しかし、それは正解ありきで授業を組み立ててきた今までの教育制度にリデザインが必要なだけなのです。「SDGsで大切なのは、それぞれに環境や社会に思いを巡らせて、やった方がいいと思うことを実行することです」と答えるようにしています。ただ、やはりゼロから始めるクリエイティブに慣れていないと、なかなかこれができないんですよね。

佐藤 **なぜ今、デザイン思考やアート思考、デザインアート思考が大事と言われ始めたかというと、正解が本当に見えない世界に来てしまったからですよね。何かクリエイティブな思考で次の新しい価値を見つけながら進んでいかないといけなくなってしまいました。**以前は、貧しいからもっと豊かにする、もっと便利な世の中にするという方向性が世界中で共有できていた。でも、行きすぎてしまっ

て、今度は環境や地球が壊れちゃったからどうしようと立ち返ったのですよね。そこを探すために、アートや哲学とか、人間が生きる本質的なことに戻らないと答えが見つからなくなってしまったんだと思います。

服部 その通りだと思います。**SDGsについて唯一正解のようなことを言えるとしたら、それは「今までのやり方を続けてはいけない」ということです。**これまで世界規模でコンセプトの設定を誤ったため、人類の存続自体が脅かされるような世の中になっている。もはや世界を越えて地球自体が危機的状況にある今、デザイナーやアーティストといったクリエイターやビジネスパーソンの垣根を越えた協働は必須と言えるでしょう。

佐藤 結局、哲学やアートって、人間とは何なのか、そもそもどうしたらいいのか、ということを考えていくような学問ですよね。**人間の幸福とは経済的に豊かになることだ、**と突き進んでいった先に**限界がきて、豊かさの基準が変わらざるを得なくなってしまった。**それで必死に創造的思考を使って、「本当は地球にも環境にもよくて、みんなが豊かになるのが最高だけど、どうしたらいいの？」という問いへと移行しているのだと思います。

自分自身の「ウォンツ」をモチベーションに

服部 デザインアート思考では、クリエイター自身が実現したい世界を「ビジョン」だと位置づけていますが、実はこのクリエイター

でありカスタマーでもある自分自身のウォンツ（要望）こそが「主体性」を育むのです。確かに特定のマーケットのニーズ（要求）を満たすのも大事ですが、どうせなら自分も関わっているマーケットがいいでしょうし、今どき全く関わりがないマーケットを探す方が難しいのではないでしょうか。それにクリエイティブはローンチしたあとも、軌道修正や刷新を繰り返さなければならないので、自分が関わるプロジェクトを自分ごとに捉え直してモチベーションを維持できる能力が必要になっていきます。

　なので、学生への進路指導では自分のビジョンを明確にした上で、就職か起業か、あるいはフリーランスかを決めるように指導しています。自分のビジョンが明確になっていれば、これを判断基準に自分に合った企業を選べますし、それを実現するために乗り越えなければならない現実も見えてきます。デザインアート思考でビジョンが最も重要視されるようになった経緯には、こういうわけもあるのです。

佐藤　SDGsやサステイナブルなど、言葉も概念も新しいので、しっくりこない部分があるからこそ、「自分ごと化」することは非常に大事ですよね。そして、**そこにもデザインの力が必要とされていて「我々の問題だよね、身近な問題だよね」と自覚することが求められています。**

服部　本当にそうだと思います。デザインアート思考に取り組む際に、「理論」と「批判」、「実践」の関係性についてよく話をします。学生が学外の講演会や学内の授業で耳にするのは、結局はその話し

手が独自に構築した「理論」であって、理でしかありません。実際には自分の現実と照らし合わせてみたらどうなるのかという「批判」を行ってから、「実践」を繰り返すことで、話の要点である「理論」の本質を理解したり、自分なりの「理論」を見つけることができます。そして、クリエイティビティーも同じで、この過程を素早く往来することで身につきます。こうしたアジャイルは思考法を身につけるのに特に効果的で、学生には複数のプロジェクトで同じ思考法を繰り返させることで、身体感覚で覚えてもらうようにしています。

佐藤 そういうプロセスの共有って、すごく重要ですよね。僕もよく取材で思考のプロセスを丁寧に答えていますが、「そんなに手の内を明かしていいのですか？」と言われることもあります。クリエイティブってブラックボックス化していて、それが魅力のような部分がありますが、僕はそういうのはオープンにしていった方がいいと思っています。手品のタネを明かしちゃったら価値がないような気になるでしょうが、もう今はYouTubeでだってマジックのやり方が学べてしまう時代。デザインも、もっとクリエイティブのプロセスを見せて、共有していけばと思います。

経営の中のデザイン、組織のデザインとは

佐藤 企業の人材的な話では、「多様な価値観を持ったクリエイティビティー溢れる人材が欲しい」と言うけれども、実はそんなに多くはいないのが現状です。さらに、そうした新しい人材が100％のパフォーマンスを発揮できるような場を企業側が提供できるのかという問題もあります。OSとアプリケーションで言えば、アプリケー

ションがバンバン動くようなシステムがちゃんとないと、すぐフリーズしちゃいますよね。

　だからこそ、**働き方改革において最も重要なことは、どういう環境を提供したら人のパフォーマンスを最大化できるのかということ**です。アメリカのIT企業などは戦略的にその環境をつくり上げているわけですよね。**これこそ、経営の中のデザインですよね。**オフィス環境を設定すると、人が快適に動くことができ、するとパフォーマンスが上がって、結果的に企業の利益になる。なので、人が働く環境をデザインするのは当然のことなのです。2000年頃から日本でもそうしたワークスペースのデザインは増え、僕も多くのデザインをしてきましたが、これは働き方のデザイン、組織のデザインにつながるということなのです。

服部　まさに日本の教育現場でも同じことが起きています。例えば、日本の標準的な校舎では先生と職員の部屋が分かれています。これは専門分化による作業効率の向上を狙ってのデザインだと思うのですが、結果として先生は授業と学生のことだけを考えてマネジメント意識が薄れていき、職員はルーティンワークをこなすだけで、顧客である学生への配慮が薄れていきます。また、先生か職員のどちらかが、業務の最適化を目指して何らかの変化を加えた場合、当然もう片方もその変化に巻き込まれるわけですから、物理的に顔を合わせない環境も相まって、両者は対立するようになってしまいます。

　そこで本校では、先生と職員の間の壁を取り除き、透明性のある空間で交互に座らせることを試みました。初めは互いに戸惑う場面も多々ありましたが、次第に互いの仕事を理解していき、最終的に

は学校の教育方針を業務遂行の判断基準に据える姿勢ができて風通しがよくなりました。これは学生のいる教室のあり方にも徹底されていて、可能な限りガラス張りにして、隣の教室が見えるようにしました。こちらも初めは戸惑う学生もいましたが、先生もこれを意識してブラックボックス化がなくなり、全体的に教育の質も向上したと思います。

佐藤 まさしく**それこそ組織のデザインですよね。きれいな内装を作ることだけがデザインではない。**職員室と事務室の垣根を取っ払ってしまう、というのは一番大きなプランですよね。意匠的にオフィスデザインしてもらうだけがデザインではないんです。

　僕がトータルプロデュースした、東京・立川のふじようちえんも、まさに教育環境のデザインでした。「園舎自体を巨大な遊具にする」というコンセプトを立てて、建築家の手塚貴晴・由比夫妻に一緒に取り組んでもらいました。園長先生のビジョンを整理することから始まり、結果的に非常にユニークな教育環境のデザインが生まれました。今の仕事はまさに無形のところからプロセス全般まですべてがデザインなんですよね。

デザインは仕上げではなく、思考プロセスも含んでいる

佐藤 僕の中で「デザインする」と言ったら、川上から川下までを指します。一般的にはアウトプットされた最終形をデザインと呼んでいると思うのですが、**僕の言うデザインとはやり方や向き合い方、考え方**なのです。考え方を新しくしたり、体系立てたりすることの方がデザインというか。例えば、**何か新しい結果を出したかったら、**

やり方を変えていくと新しいものが生まれる可能性が高まります。

服部 確かにその通りだと思います。本校の例で言えば、先生と職員の部屋を１つにしたことで、学生募集から、授業内容や進行方法、生活指導やキャリア支援など、職種に関係なく意見交換ができるようになり、教育改革にも耐え得るタフな組織になりました。

　これはもちろん授業でも応用していて、学生もただ横並びで座らせるのではなく、初めからグループで机を囲ませ、ある程度の私語も許容することで、学生間でピアラーニングが広がるよう心がけています。特に産学連携授業は、実際に企業が関わることもあって、学生は社会人の立場で課題設定を行わなければならず、ビジネスパーソンが発する定義づけが曖昧なカタカナ語や、先生が使う難解なマーケティング用語もグループで咀嚼しながら、互いに伝えやすい言葉に変換して共有し合うようになりました。

佐藤 デザインという言葉が広すぎて理解されにくいのかもしれませんが、もう少しロジカルにブレイクダウンしていけばいいのですよね。**座り方ひとつでもこうして大きく学び方が変わる。**やり方の違いですよね。

服部 先ほど、可士和さんは「デザインはやり方や向き合い方、考え方だ」とおっしゃっていましたが、やはり**ビジネスでは、ビジョンになり得る「思い」を顧客と共有できるストーリーで視覚化した上で、オープニングからエンディングまで共に体験するのが大切だ**と思っています。

佐藤 それはすごくありますよね。先日も物流会社の大きな物流施設ディレクションをしたのですが、まずはその社長をはじめプロジェクトチームと半年近くずっと本来の物流のコンセプトについて話をしていました。「実際に、設計やデザインを決めて実施になる前の可士和さんとのブレストの時間が、一番価値があった」と社長はおっしゃっていました。我々は何をやるべきか、ということを決めていくこの話し合いのプロセスで、コンセプトがすごくクリアに決まった。「こうした無形のプロセスに一番価値を感じている」と言っていただき、それはとても嬉しかったですね。

服部 そうした無形のプロセス次第で、最終的な形が大きく変わってきますよね。

佐藤 僕にとってはまさにそのプロセスがデザインなのです。課題の設定からコンセプト開発、ソリューションに至るストーリーができるまで、無数の思考のトライアンドエラーがあるんです。

服部 ただ私自身は、ストーリーがロケーションの影響を受けながら展開されるように、日本には日本の風土に合った思考法があるとも考えています。アメリカのデザイン思考や、ヨーロッパのアート思考は、日本では水が合わないというのが率直な感想です。その点デザインアート思考は、そもそも日本人同士のコミュニケーションを活性化させるために考え出され、産学連携や企業研修を通じて、ほかの思考法と何ら遜色ないことが証明されています。

佐藤 SDGsと一緒で、きちんとローカライズして、日本流にうまく昇華して取り入れないと定着しないということですよね。特性もあるし、カルチャーも違う。組織のあり方も違いますしね。

デザインやアートをもっと万人のものに

佐藤 僕は、クリエイティブというものが、スポーツや音楽のようにもっと一般化されるといいなと思っています。スポーツではオリンピック選手のように100mを10秒以内で走るようなアスリートがいる一方で、ジョギングやウォーキングをあらゆる人が楽しんでいます。速く走れないと価値がないとは誰も言わないですよね。音楽もミュージシャンからカラオケで楽しむ人まで、万人がその価値を理解しています。そこが、スポーツと音楽が本当に開放されている点だと思うのです。しかし、クリエイティブは言わばプロスポーツ選手しかいないような状態になっている。もっと裾野が広がらないとその概念が一般化しないのです。

服部 それは、私自身も教育現場で学生を通じて強く感じることがあります。みなさん学生時代に、体育や音楽の授業を通じて、小さな成功体験や喜びを味わってきたと思います。これはスポーツや楽器演奏では、目標別にステップがわかりやすく設定されていて、とりあえず下手でも、努力次第で達成感を味わえるように配慮されているからだと思うのです。その点、なぜか美術の授業は感覚任せで目標も曖昧なことが多く、例えば、絵が思うように描けなくて挫折したり、絵がうまい人と比べられて苦手意識を持ったりしてしまうのがとても残念です。

佐藤　どのジャンルでも突き抜けた才能の人たちは必要だと思うんですが、やはりその分野がもっと一般化しないとそのトップの才能を活かせないですよね。やはりある程度クリエイティブ人口のパイが広がり、ベース環境として整わないと結果的にトップのレベルも全体も変わらない。

　ようやくデザインやクリエイティブは、そういう特殊な人々のものではなくなってきていますよね。 それは、デザインやクリエイティブを、経営にすごく深く取り入れて成功した結果です。

服部　**そもそもクリエイティブは、スポーツのように体格差が影響しないので、年齢や性別に関係なく、誰でも楽しめる**んですよね。才能がどうとか言われがちですが、実際は作曲や楽器演奏と同じで、理論や技能をロジカルに学べば誰でもできるんですよ。

佐藤　**クリエイティブとは、ものの見方や思考法です。** デザイナー

というと「手先が器用だね」などと言われたりしていましたが、そういうことじゃない。絵が描けなくても**クリエイティブシンキングができるという認識が広がれば、理解する人が増え、全体のレベルも上がるのだと思います。**

服部　本校で指導しているデザインアート思考のような思考法は、

まだまだ「エグゼクティブ・エデュケーション」といって、高額な授業料で一部のエリートやエリート志向の強い人を対象に指導されることが多いのが現状です。しかし実は「難しそうに見せている」だけで、実際は高校生など10代の若者でも実践できるのです。

御茶の水美術専門学校は、国連グローバルコンパクトの加盟校として、これからもSDGsの「質の高い教育をみんなに」の実現を担って、教育格差をなくし、クリエイティブの裾野を広げていく活動を続けていきたいと思います。やはりSDGsの達成は、国家や企業単位の努力だけでは間に合わず、一人ひとりの意識や創造的行為にかかっているのです。それにはデザインアート思考を身につけた人々が、それぞれにビジョンを掲げ、これを実現し得る商品やサービスなどを創造することが重要なのです。私たちはそれが実現できるように、引き続き尽力していきたいと思います。そうすればSDGsも自ずと実現できると私は信じています。

佐藤 答えのない、解決策の見えない課題が、今後もたくさん出てきます。そんな時代に知恵やアイデアを出して、未来をつくっていける人材を増やしていきたいですね。

あとがき

デザインアート思考で
可能になること

　さて、ビジネススクールではなく、美術学校で実践されている「創造性」により「多様性」を顕在化するデザインアート思考はいかがでしたでしょうか。プロジェクトチームを通じて、それぞれ異なる新しい体験を得ることができたと思います。また、この思考法は日常でも活用できるので、ここまでお付き合いくださったみなさんは、きっとビジネスのみならずプライベートでもデザインアート思考的に考えるクセがついてきたのではないでしょうか。

　本書で紹介している10のステップは、実際に御茶の水美術専門学校で20歳前後の学生に指導している内容であり、デザインアート思考のオリエンテーションからプレゼンテーションまでのフローは、平均して2ヵ月のスピードで進めていきます。思考法は思索するものではなく、実践するものなので、実際のビジネスでも使える程度に身につけるには、本校の過去の事例を比較してみても、**スピード感を持って繰り返し取り組むのが最も有効**です。

　さらに、教育効果を上げるためには、想定課題ではなく、実在する企業の「出題」からオリエンテーションを始めるのが最も効率がよいと言えます。2ヵ月ごとに変わるクライアントによって、その業種の違いだけでも、学生だけでなく教員も学ぶことが多いです。クライアントが変わるたびにデザインアート思考は成長し、その都度、学生の理解度やクライアントの必要に応じてさまざまな理論やフレームワークが取り入れられてきました。

　本校は、学生がプロジェクトチームを編成し、クライアントからの出題に挑むことで授業が始まる稀有な美術学校です。このいわゆる産学連携を軸にプロジェクトベースで進めるカリキュラム・マネジメントでは、学生自身で出題から課題を見つけ、これを解決する方策を考えていきます。こうした教育方法はこれまでの学びと、これからの学びを学生各自でデザインしながら主体的に学んでいくという意味でプロジェクト・ベースド・ラーニング（PBL）とも呼ばれています。

　デザイナーやアーティストは専門性の高い職業だと思われがちですが、クリエイティブとは、ゼロからモノゴトを生み出し、ニーズのあるマーケットにそれを届けることで利益を得るものです。デザインアート思考のマーケティング・サークルとプランニング・サークルが示すように、クリエイティブという行為には、マーケッターとプランナーの仕事も含まれているのです。逆に言えば、マーケティングやプランニングに関わったことがある人材であれば、誰もがその関わりをきっかけにクリエイターになれるのです。

　デザインアート思考では、**デザインを「課題解決を志向するニーズベースの行為」、アートを「課題発見を志向するウォンツベースの行為」と定義**しています。**クリエイターはその両方を兼ね備え、「地球の環境や社会の情勢を見ながらバランスを取る存在」**だと定義づけています。しかし、バランスを取るには、基準となる軸がなければなりません。それが、クリエイターがクライアントやカスタマーと協力して実現したいと願う「ビジョン」です。

　このビジョンがなければ、クリエイターが手がけるプロジェクトは、クライアントの要求に傾倒しすぎたり、カスタマーのニーズに傾倒しすぎたりと、マーケットのバランスを崩してしまいます。もし、プロジェクトが外部不経済な状況で実現したら、クラ

イアントの利益に反比例して、環境破壊が進み、社会問題が増えてしまうようなこともあるでしょう。結果として私たちでさえ気づかぬうちにSDGsから遠のく結果を招くかもしれません。

デザインアート思考が可能にするのは、論理的思考はもちろんのこと、「自分の属する企業や団体、組織の動向を意識して行動する」現状から、「自分が理想とする世界や社会の未来の実現を優先して行動する」というマインドシフトです。このマインドシフトにより、ビジョン実現というモチベーションを持ってモノゴトに主体的に取り組めるようになります。

また、自分の考えを論理的に話せるようになれば、主張の強い意見や個性の強い人物に圧倒されずに、それも多様性のひとつだと落ち着いて捉えることが可能になり、自らも意見交換に参加できるようになります。こうした自分のビジョンを持って、そのビジョン実現のためにプロジェクトを推進し、商品やサービスなどを創造していくのは、クリエイティビティーに溢れる行為です。私たちは、**デザインアート思考を通じて、誰もがクリエイティビティーの向上を果たせる**と確信しています。

最後に、デザインアート思考は、御茶の水美術専門学校の専門学生のみならず、普通科の高校生や商学部の大学生、医学部の大学院生、さらには企業研修や、御茶の水美術専門学校の社会人コースなど、今までに実にさまざまな学生や社会人と共に実践を試みてきました。そしてどのような状況でも、本来備わっている創造性を刺激して、多様性を認めていける環境が整えられれば、受講生同士の意見交換は活性化し、有意義なプレゼンテーションを行うことができました。

ぜひ、本書を通じて、読者のみなさんにもデザインアート思考を自分なりに身につけて、自らの活躍へとつなげていただければ

と願っています。

デザインアート思考で「質の高い教育をみんなに」

デザインアート思考で女性のエンパワーメント

デザインアート思考で中高年のリカレント教育

服部元
御茶の水美術専門学校 校長、
OCHABI Institute 理事

武蔵野美術大学大学院造形研究科デザイン専攻修了。デザイン学会、マーケティング学会会員。国内企業や教育機関での実務経験を経て渡米。ニューヨークで映像制作を学び帰国後、OCHABI Instituteにおいて、産官学連携を軸としたプロジェクト・ベースド・ラーニング（PBL）を実践し、カリキュラム設計をリードする。また、各種教育機関に向けて、クリエイティビティーを育む創造性教育と、持続可能な開発のための教育（ESD:Education for Sustainable Development）に関するカリキュラムマネジメントを指導している。

索引 index

著者紹介｜OCHABI Institute

OCHABI Instituteとは、3つの学校の総称です。

ゼロからはじめてプロになる―御茶の水美術専門学校

芸大・美大・美術高校受験―御茶の水美術学院
美術学校がつくったアートのジム―OCHABI artgym

本校では、「世界に文化で貢献する」という理念のもとに、
クリエイティブ力を身につけた人材を世界に送り出しています。

御茶の水美術専門学校　設置科

・デザイン・アート科　3年制
・高度デザイン・アート科　4年制
・高度デザイン・アート科編入学　2年
・デザインアートコース（夜間／社会人・学生対象）

＊御茶の水美術専門学校は、「持続可能な開発目標（SDGs）」を支援する教育
　機関として、日本で初めて国連グローバル・コンパクトに加盟した専門学校です。

ブックデザイン	渡部周	編集協力	岩辺みどり
写真	有馬渚	DTP	BUCH⁺
イラスト	ほそかわゆみ	Special thanks	多和田紘希

デザインアート思考
使い手のニーズとつくり手のウォンツを同時に実現する10のステップ

2021年2月3日　初版第1刷発行

著者	OCHABI Institute（オチャビ インスティテュート）
発行人	佐々木幹夫
発行所	株式会社翔泳社（https://www.shoeisha.co.jp）
印刷・製本	凸版印刷株式会社

ISBN978-4-7981-6642-1　　　　　　　　　　　　　　　　　Printed in Japan